アニメーションの前向き行動力

主人公たちの心理分析

横田正夫［著］

金子書房

アニメーションの前向き行動力〜主人公たちの心理分析／目次

第1部 過剰な前向き行動力

第4部 日本のアニメーションの特質

第1部

過剰な前向き行動力

前向き行動力という用語を本書では使用しているが、かつて筆者は「前向きの力」という用語を使用していた（横田、2016）。前向きの力が現実に発動するならば前向き行動力になるだろう。この時は、人には前向きな力が備わっているが、何らかの抑制的な働きによってその力が発揮できなくなるような状況が起こってくると紹介した。その例示として『おもひでぽろぽろ』（1991）（原作：岡本螢・刀根夕子／監督・脚本：高畑勲／制作：スタジオジブリ／製作：「おもひでぽろぽろ」製作委員会）を取り上げた。

『おもひでぽろぽろ』の主人公岡島タエ子は27歳のキャリアウーマンで、10日間の夏休みをとって、山形の義理の兄の実家で過ごすことになる。タエ子は見合いの話も断ってきており、結婚することに躊躇いがあった。夜行列車で山形へ向かううちに、10歳のころの自分自身の姿が思い浮ぶ。タエ子は10歳のころの自分が、今の自分に励ましの言葉を送っているように感じ、もう一度羽ばたいてごらんと言われているような気がした。

山形駅で出迎えに来てくれていた青年（トシオ）が、運転する車の中で今取り組んでいる有機農業について熱弁をふるうのに出合い、心を動かされる。農作業を楽しんだタエ子が、山形を去る前の日に、お婆さんがトシオの嫁になってくれないかと突然言い出したのに動揺して、その場から逃げ出してしまう。山形での生活が欺瞞に満ちたものであったことを見透かされたように感じたのである。

そして小学5年生のころのあべくんが目の前に現れ、語りかけてくる体験をする。あべくんの幻覚を目にし、幻聴を聴いたのである。この時タエ子は一過的に心の混乱状態に陥っている。タエ子は小学5年生の時、あべくんに、自己の欺瞞を、見透かされたと思い、罪責感に苛まれた。その罪責感は無意識の底に抑圧されていた。その抑圧されていた罪責感がお婆さんの言葉によって蘇った。そこへトシオが現れ、タエ子の話を聞き、あべくんがタエ子にだけ悪ふざけができたのではないかと全く新たな視点からの解釈をする。それを聞いてタエ子は納得し、トシオの手を握りたいとこの時初めて思う。そして次の日、電車に乗って帰ろうとするのを途中下車し、駅に戻り、トシオに電話して、迎えに来てもらう。

このように異性へ接近することに躊躇いがあり、異性との親密な関係を築けないでいたタエ子が、その原因となる過去の異性との感情的なもつれを思い出し、今の自分に関係づけることができ、前向きの力が解発され、トシオに対して前向き行動力が発揮された。

また筆者は先に主人公が感情の谷に陥ることによって心理的に停滞し、その心の底で外部からの他者の支援によって、新たな力が解発され、現実に戻って英雄として活躍するという「感情の谷」理論を紹介した（横田、2017）。この理論によれば「感情の谷」に落ち込むことによって本来有していた前向き行動力が機能しなくなり、停滞してしまうが、援助者の支援によって、これまで以上の前向き行動力が発揮されるようになる。前向き行動力が、一度機能しなくなり、それが新たに機能し始めるメカニズムとして「感情の谷」があった。

しかし最近のアニメーションの中には、前向き行動力の停滞がなく、その行動力が加速度的に高まってゆくような作品がある。例えば、宮崎駿監督の『風立ちぬ』（2013）（原作・脚本：宮崎駿／プロデューサー：鈴木敏夫／制作：スタジオジブリ／製作：「風立ちぬ」製作委員会）、新海誠監督の『天気の子』（2019）（原作・脚本：新海誠／製作：市川南・川口典孝／製作総指揮：古澤佳寛／制作：コミックス・ウェーブ・フィルム／製作：「天気の子」製作委員会）、そして今敏監督の『千年女優』（2002）（脚本：今敏・村井さだゆき／原案：今敏／プロデューサー：真木太郎／制作：マッドハウス・ジェンコ／製作：「千年女優」製作委員会）である。本書では、こうした作品の今日的な意義について論じてみたい。

作品の分析に入る前に、基本的な考え方を紹介しておくと、理解が容易になると思う。

まずは図1を見てほしい。図1ではシーソーの上に夢と現実の丸が乗っている。シーソーは現実の方に傾いている。現実の方が夢より重い。図2は図1の逆の関係である。夢の方が現実より重い。

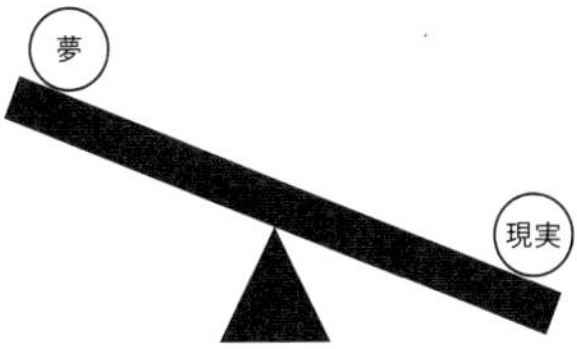

図1　現実は夢より重い

図2　夢が現実より重い

図2の方から考えてみよう。夜、夢を見ている時には、夢はまさに現実である。現実の体験かのようなリアリティを持っている。そうしたリアリティは、夢を見ている間は、維持されるのであるから、現実は軽い。全くないと言っても良い。しかし朝目覚めると、多くの夢は、即座に薄れ始め、健康状態であれば、昼頃までには完全に忘れられてしまう。夢の持っていたリアリティは、目覚めたとたんに、萎んでゆく。夢より現実は優位になり、重みを増してゆく。図1に示したように現実が重くなる。

図1と図2の夢の部分に芸術を当てはめても同じことが起こってくるであろう。芸術作品に触れ忘我の状態であれば図2の状態、忘我の状態から覚めれば図1の状態である。小説の中で、絵に見入って忘我の状態になる描写の見事な作品があるので紹介してみたい。

原田マハの『楽園のカンヴァス』（2012）からである。主人公のニューヨーク近代美術館のアシスタント・キュレイターのティム・ブラウン（30歳）が、10歳の時、両親に連れられてアンリ・ルソーの「夢」を目にした。その時のティムの体験である。

「一目見た瞬間に、電流が体じゅうを駆け抜けて、動けなくなってしまった。まるで魔法にかかったように、少年ティムは作品をみつめた。ただひたすら、空っぽになって。

そうしてみつめるうちに、ギャラリーの明かりが消え、周囲のざわめきがまったく聞こえなくなった。少年は、勇気をもって密林へ一歩踏み出した。どうしても、話がしたくなったのだ。絵の中で、何かを訴えかけるように、何かを指差す女の人と。

何がそんなに悲しいの？

ティムは、そう語りかけた。女の人は、泣いているわけじゃない。悲しそうな表情でもない。でも、笑ってもいない。この人は、何かがとても悲しくて、さびしくて、やりきれないんだ。そう思った。この人を、助けてあげたい、とも。

女の人は、何も答えてくれない。ただ、黙って指差している。ティムには、どうしても、彼女が何を指差しているのかが見えない。それが知りたくて、少年の胸は甘く疼《うず》いた。

気がつくと、ティムの周りに、同じような年頃か、もっと幼い少年や少女

が、たくさん座りこんでいた。ティムはびっくりして、あたりをきょろきょろ見回した。」（八五－八六頁）

少し長い引用になったが、芸術作品に触れ、忘我の状態になる様子が見てとれる。その際に、ティム少年は、絵の中の人物に語りかけてもいる。その状態から覚めた時、ビックリして、あたりをきょろきょろ見回してもいる。つまりティムは、一過的に、前述の図2の状態に陥ったが、直ぐに図1の状態を回復した。芸術作品に触れる際には、図1から図2の状態に入り込み、そこから抜けると即座に図1の状態に戻れるという関係にある。したがって、図1と図2の夢の丸の中には芸術作品も入るであろうし、ゲームでも、アニメーションでも良い。結局、作品を楽しむということは、図2の状態に近くなるということであり、作品から離れれば図1の状態に戻るということである。

しかし、夢に相当するものが、勝手にやってくるような事態もある。そうした体験を見事に描いているのがヘルマン・ヘッセの『車輪の下』（1951）に見出せる。引用してみたい。

「ときおりそういうことが繰り返された。本の中から、ある人物または歴史の一片が、もう一度生き返り、自分のまなざしを生きている人の目に映すことを熱望して、いわばむさぼるように飛び出してくるのだった。ハンスはこれをじっと受け入れながら不思議な思いに打たれた。そしてこのふいに来てたちまち消え去って行く現象に接して、自分がまるで黒い大地をガラスのように見通したか、あるいは神様に見つめられでもしたかのように、深く異様に変化したのを感じた。こうしたとうとい瞬間は、呼ばれないのに来、嘆かれないで消え去った。」(一二五頁)

主人公のハンスは、読書していると、登場人物が眼前に立ち現われるのを唐突に体験しており、この現象が起こると周囲から隔絶され、周囲の声も聞こえなくなる。引用した文章の後でも同様の体験があり、その際には、先生の声も聞こえていないかのようで、ハンスはただニヤニヤしている。統合失調症の自閉として知られるような状態にあったのである。

ティム・ブラウンとハンスの違いは何であろうか。ティムの場合は、向かい合っている絵の中の女性に声をかけようとする自我はハッキリとティムのものである。これに対して、本から立ち上がってくる現象に向かい合うハンスは、「神様に見つめられでもしたかのように」、他者に晒され、自我がはっきりしない。現象が勝手に立ち上がって、ハンスを巻き込み、彼の存在を見透かしたかのようにして、唐突に消えてゆく。この現象に対峙する明確な自我がない。

では統合失調症の自閉というのはどのような状態であろうか。
ブロイラー（１９７４）は次のように述べている。

「もはや外界との交流の全くなくなった最も重症な分裂病者（現統合失調症）は自己のためだけの世界に生きている。彼らは叶えられたと思っている願望や迫害されているという苦悩を携えて繭の中に閉じこもるように自己の内に閉じこもり、外界との接触をできる限り制限している。内面生活の相対的、絶対的優位を伴う現実からの遊離のことをわれわれは自閉と呼ぶのである。」（七三頁）

ブロイラーのいう自閉では、現実から完全に遊離してしまうので、図２の状態が、持続的に維持され、図１の状態には復帰しないと表すことができるだろう。上記のハンスは、自閉の状態を脱すると、現実に触れ合うことができているので、図２の状態から、図１の状態へ復帰することはできていたが、統合失調症が発症すると、こうした現実への復帰が起こらなくなってしまう。つまり現実と夢の関係は、通常は現実の重みがあって、夢から速やかに覚めるが、病的な状態では現実の重みが無くなって、夢が重みを増した状態となる。

以上見てきたような夢と現実のシーソーの関係を枠組みとして、宮崎駿監督の『風立ちぬ』を見てみたい。

第1章 宮崎駿『風立ちぬ』

宮崎駿監督の『風立ちぬ』は2013年に公開され大ヒットした。その後、宮崎監督が長編アニメーションの監督を辞めると記者会見したことも大きな話題となった。しかしこの発言にもかかわらず、その後新作長編『君たちはどう生きるか』に取りかかっていることが報道された。宮崎監督は、長編を作り終えた後には、疲弊し、文学者の断筆宣言のような、「辞める」という発言を繰り返してきていた。しかし、「辞める」発言のしばらく後には、長編に取りかかるということを繰り返してきている。こうした宮崎監督の姿の生き写しにみえるのが『風立ちぬ』の主人公堀越二郎である。

堀越二郎は、飛行機の設計技師である。アニメーションの中盤で、彼の設計した飛行機が墜落した後で軽井沢に静養に出かける。しかしアニメーションでは、二郎が墜落をどのように目にし、どのようにその出来事に反応したのかについては全く描かれず、飛行機が飛び立ち上昇してゆき、それを見上げている二郎から、場面はヒロイン菜穂子が絵を描いている丘のそばの道を颯爽と歩く二郎に一気に転換する。飛び立った飛行機と、陽光を浴びて丘の上にいる菜穂子が、二郎にとって、雲の上にある憧れの対象のようである。丘の下の道にいた二郎が、丘の上の菜穂子の傘が風に飛ばされ、それを二郎が追いかけて取り押さえ、菜穂子に返却する。丘の下から丘の上へという上昇が、示される。

その後ホテルに戻った二郎は、部屋の中で、仰向けに寝そべるが、その時に飛行機の残骸のイメージを思い浮かべる。ここにきて先ほど飛び立ったと描かれた飛行機は、結局墜落してしまったことを観客は知る。通常の時間の流れでこの経緯をたどれば、墜落を目にした二郎は、失敗体験に気落ちし、その失意の気持ちを癒すために軽井沢に静養に来ていると理解することであろう。

この流れは、劇的な出来事に出合って感情的な混乱を体験し、心の内面に引きこもるといった「感情の谷」（横田、２０１７）への落ち込みを予想させる。しかし宮崎監督は、そうした体験があったかもしれないが、それを描かずに、丘の下から丘の上へという上昇する行動を示し、その後に墜落の体験を回想させている。つまり二郎にとって墜落した飛行機の記憶は、それほど彼の心の負担にはなっていないことを示している。「感情の谷」へ落ち込むことはないのである。

このことを暗示している印象深いシーンがある。旧陸軍の主力戦闘機となった一式戦闘機隼の試験飛行で、機が墜落した後の場面である。上司の技師の黒川が、墜落した飛行機の残骸が散乱した中に立ち尽くしているところに、二郎がやってきて「もどって2号機を作りましょう」と発言している。黒川が墜落した機体のそばで落胆しているであろうことには全く関心がない。そして黒川に空中分解の原因を問われた二郎は「問題はもっと深く広く遠くにあると思います」と答えている。二郎にとって飛行機が墜落したことは、失意の原因にはならず、次の目標の設定の出発点なのである。感情的に混乱する余地はなく、次のステップの始まりにすぎない。

こうした二郎の姿の描き方からすると、二郎が設計した飛行機の墜落も、同様に失意の原因とはならず、より完成形の飛行機への一つのステップにすぎないと二郎が考えていることがわかる。そのため、宮崎監督には、自身の設計した飛行機の墜落場面に二郎をあえて立ち会わせる必然性を感じなかったのであろう。

以上のような二郎をみると、二郎の特異な性格が浮き彫りにされる。それは「葛藤を感じない」ということである。二郎は自らかかわっている飛行機の墜落を目にしても、次のステップを考え、ワクワクしてしまっている。二郎には、彼の出合う出来事は、全てが次のステップのきっかけになり、「感情の谷」の感情的混乱に陥り停滞することがない。二郎は常に前に向かって行動し、後ろを振り向きもせず、ひたすら目標を追求する「前向き行動力」の人と表現することができる。過剰な前向き行動力の持ち主である。

では二郎の前向き行動力について少し詳しく見てみたい。

1　前向き行動力

このアニメーションは夢から始まり、夢で終わる。

ではまず始まりを見てみよう。

少年時代の二郎は、朝靄の中に浮かび上がる大きな家の雨戸が開けられた蚊帳の中で寝ている。その少年は屋根に上がり、そこに設置された飛行機に乗りエンジンをかけ、空に浮き上がってゆく。田園を超え、川に沿って飛び、橋の下をくぐり、煙突から出ている煙をかわし、窓から見上げるたくさんの女工たちが手を振るのに二郎は手を振ってこたえる。ふと気づくと雲の中から異様なものが出現する。二郎はゴーグルをかけるがよく見えない。ゴーグルをむしり取ると、眼鏡姿の二郎となる。それまでの二郎は、眼鏡をしていなかった。二郎の眼鏡は分厚いレンズでできているので、顔の周辺はレンズを通して縮んで見える。眼鏡の二郎が、よく見ようとすると、空から降りてきた異様な物体と二郎の飛行機が接触してしまい落下する。その落下は、眼鏡のアップからはじまり、眼鏡の存在が強調される。

目覚めた二郎には天井がぼやけて見え、外に目をやると庭がぼやけて見える。眼鏡をかけてみると、蚊帳越しに庭がくっきり見えるが、眼鏡の周辺はぼんやりしている。二郎にとって現実はぼやけており、それに対して夢は眼鏡がいらない鮮明の世界である。夢世界の方が二郎にはリアリティがある。

二郎はすぐ次の夢を見る。学校の先生から借りた飛行機の英文雑誌を、帰宅した二郎が早速紐解いて、そこにある写真がカプローニ伯爵という人物であることを知る。するとその夜カプローニの夢を見る。夢を見始める経緯は、屋根の上で眼鏡をはずし、空を眺めている二郎のところから始まる。そこに、妹の加代がやってきて一緒になって星を眺めると、加代には流れ星が見えるが、二郎にはそれが見えない。しかし二郎には空に飛行機が飛んでいる様子が幻視される。いつの間に二郎は草原に立っており、そこにカプローニの飛行機が飛来し、彼から声をかけられる。二郎は、これは自分の夢だと言うが、カプローニもまた自分の夢であるという。さらにカプローニは二人の夢がくっついた、というのである。カプローニの飛行機の内部を案内された二郎は、彼に質問する。切実な質問である。二郎の質問は近眼でも飛行機の設計はできるかというものであった。二郎は近眼ゆえに飛行機の操縦はできない。その二郎の次の夢は、飛行機の設計者になることとなった。カプローニは、二郎に向かって、飛行機は美しい夢であり、設計者は夢に形を与えるものであることを語る。

美しい飛行機の設計、という目標ができた二郎は、目覚めたときに目の前にいた母親に、晴れ晴れとした顔で、飛行機の設計者になる夢を語る。母親は、それを素敵な夢と受け入れてくれる。この夢の場面は少し不思議である。なぜならば夢の見始めは屋根の上で妹の加代といるのに、夢から覚める時には目の前に母親がいる。いつの間にか、屋根の上から、部屋の中へ移動していた。夢の連続性は保たれているのに、現実は不連続である。つまり夢のリアリティは重要だが、現実のリアリティは保たれていなくても良い。それにしても夢の始まりには加代がおり、その終わりには母親がいたのは、二郎の夢見が、女性に見守られていたということであり、彼が安心して夢見られたのは、安全を見守っている女性がいたからでもある。二郎の女性への依存の強さが示されよう。

次に終わりについて見てみよう。

二郎の試作機が完成し、空を飛んだ。その合間に、何かの気配を感じた二郎は、遠くを眺める。そんな二郎は、上司の黒川によって、現実に引き戻される。試験飛行のパイロットに「すばらしい飛行機です」と称賛され、握手される。この後一転し、家々が焼け、空には煙がもうもうと立ち込めている様子が示され、飛行機の残骸が飛び散った野原を行く二郎が描かれる。カプローニと二郎の夢の世界である。カプローニが二郎を待っており、二郎の過ごした10年間に力を尽くしたかと聞く。それに答えて「はい。おわりはズタズタでしたが」と返事する二郎。零戦の編隊が草原の上を飛び、パイロットが二郎に向かって手を上げると、二郎もそれに応えて手を上げる。零戦は空のかなたに去ってゆく。二郎は「一機ももどってきませんでした」と言う。カプローニは「きみをまっていた人がいる」と言うその視線の先には菜穂子が傘をさして、手を振っている。菜穂子は二郎に「あなた生きて」と伝えて消えてゆく。二郎は「ありがとう」と感謝の言葉を述べる。カプローニは二郎を「いいワインがあるんだ」と、彼らの夢の王国にしばし留まることを勧める。こうしてアニメーションは終わる。

宮崎監督の描く二郎は現実への適応に関心がない。その証拠にカプローニは、二郎に「いいワインがあるんだ」と夢の王国に留まることを勧めており、夢から覚める必要はない、夢の世

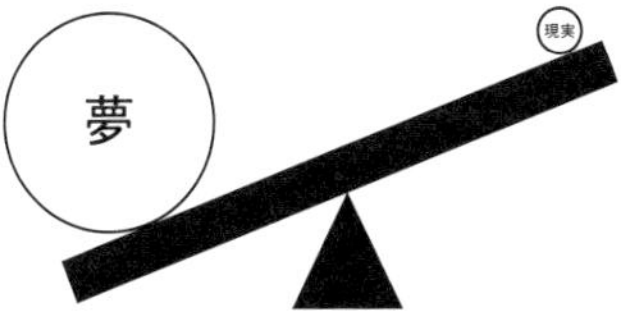

図３　夢の肥大化と現実の矮小化

界にそのまま留まりなさいと言っている。たとえ二郎が現実に戻ったところで、中年期まで、飛行機を夢見るだけで過ごしてきたのであるから、新たな現実に適応することはそもそも難しかろう。こうした困難は多くの人たちが中年期に体験するそれまでの生き方の再検討と新たな方向の模索をおこなう危機、すなわち中年期危機に相当する（横田、２００６）。

『風立ちぬ』は夢で始まり、夢で終わり、さらには夢の中に留まるようにして終わる。これは、アニメーション全編が夢そのものを描いているということにもなるだろう。

これまで宮崎監督は『崖の上のポニョ』（２００８）（監督・原作・脚本：宮崎駿／プロデューサー：鈴木敏夫／制作：スタジオジブリ／製作：「崖の上のポニョ」製作委員会）において、ラストで、ポニョが人間になる結末を示し、現実に戻ることを描いてきた。『千と千尋の神隠し』（２００１）（監督・原作・脚本：宮崎駿／プロデューサー：鈴木敏夫／製作総指揮：徳間康快／制作：スタジオジブリ／製作：「千と千尋の神隠し」製作委員会）も、現実から異界へ行き、そして異界から現実に戻るというように描き、現実へ戻ることを忘れなかった。つまり図1の状態に戻してからアニメーションを終えていた。それが『風立ちぬ』では現実に戻らず夢の中に留まって終わってしまった。つまり図3に示したような状態で、終わってしまった。

前述のように中年期危機として捉えるならば、今後、現実への適応が復活すると期待され、図1の状態が復活するのであろうが、ここでの終わりは、現実世界から遊離した自閉の世界とも見える。

さて図3では夢の肥大化と現実の矮小化と見出しをつけた。この見出しは『風立ちぬ』の世界を特徴づけていると思える。このことを以下で説明してみたい。

2　夢の肥大化と現実の矮小化

関東大震災に遭遇し、大学にたどり着いた二郎は、図書館の本が山積みされた前にいる友人の本庄と出会う。間が悪い時に大学に戻ったと声をかける本庄に対し、二郎は足元に落ちていたカプローニの飛行機の絵ハガキに関心が引き寄せられる。そしてカプローニが完成させた水上飛行機をイメージする。二郎が見たカプローニの姿は、自ら設計した水上飛行機が飛びあがるシーンをボート上からフィルムに撮影するところであった。空中に浮かび上がって喜ぶカプローニの目の前で飛行機は壊れてしまう。カプローニは撮影中のカメラマンからカメラを奪い取り、マガジンからフィルムを抜き取り、カメラを水中に投げ込んでしまう。フィルムはカプローニの身体に巻き付いたままである。カプローニの試みは壮大な失敗であった。

カプローニは二郎に向かって「風は吹いているか」と尋ねる。折しも二郎は、強風によって火の粉が本の上に飛び散って来るなか、火を消そうと必死になっている。そして「はい、大風が吹いています」と答えるのである。大震災による火災の被害が二郎の関心ではなく、よって引き起こされた風が、カプローニが語る象徴的な言葉の「風」に対応する。二郎にとっての関東大震災という現実は、飛行機を作るという夢の前には、全くリアリティがない。飛行機を作るという二郎の夢は、現実のリアリティを越えて、肥大化している。

夢の中でカプローニに出会うのであるから、二郎にとって、カプローニは他者というよりは、無意識の世界にある自己のイメージの一つであろう。ユング（２０１４）の分析心理学では、無意識に現れる老人のイメージを老賢者として重視している。老賢者には重々しいイメージがあるが、二郎にとっては、彼の道しるべのような存在がカプローニであるから、老賢者に相当するイメージであろう。ただ宮崎監督の作品を見てみると、カプローニは、軽佻浮薄な印象もある。そこで宮崎監督の前の作品を見てみると、『崖の上のポニョ』ではグランマンマーレという海の女神が登場しており、海の底が生命の誕生の場でもあった。海の底でイメージされるのは無意識世界であり、そこに神話的な海の女神が登場していた。

それに対して、『風立ちぬ』は空の世界が描かれ、夢の世界にカプローニが登場した。『崖の上のポニョ』の女神に対応するような無意識的世界の神的存在として『風立ちぬ』ではカプローニが登場したのであるから、そこには男神のイメージが付与されているとみることができる。

宮崎監督は『未来少年コナン』（1978）（原作：アレグザンダー・ケイ／脚本：中野顕彰・吉川惣司・胡桃哲／製作：本橋浩一）を監督したころから、地下世界と空中世界を一つの作品の中に描き込んできているが、『崖の上のポニョ』と『風立ちぬ』はそれぞれ海中（地下）世界と空中世界に分離して描き、両者が対になるようにして、女神と男神が登場したとみることができる。同じように無意識世界を描きながら、『風立ちぬ』では男神に導かれる主人公を描いている。

さて、ここで唐突であるが、ニーチェの『ツァラトゥストラ（上）』（1993）を紐解いてみたい。「山の上の木について」の中で一本の木に寄りかかって座っている若者に向かって言ったツァラトゥストラの言葉である。引用してみよう。

「なぜきみはそのために驚くのか？――それはともあれ、人間のありようは木のありようと同じである。

高みと明るみへ登り行こうとすればするほど、その根はいよいよ力強く地中へ、下方へ、暗黒のなかへ、深みのなかへ――悪のなかへ、向かおうとするのだ。」（七六－七七頁）

と述べている。人間を木に例え、高みへ登ろうとすればするほど根は地中へ、というところをここでの話に関連づけるとすれば、『崖の上のポニョ』で地中（実際は海中）深く、生命の根源まで行ってしまったのであるから、それに対する明るい高みに登り行こうとするような内容の作品が、一つの全体として必要であった。つまり海のグランマンマーレのような神話的な存在に対抗して、「高みと明るみに登り行こうとすれば」同様な神話的な存在が空の上にもいなくてはならない。そうした無意識の働きが、宮崎監督の心の中に起こってきているかのように登場したのがカプローニであった。

つまり二郎は無意識世界でカプローニという男神に出会った。この出会いは、二郎にとって、関東大震災の現実よりは、よりリアリティがある出来事であった。夢のリアリティは肥大化し、現実のリアリティは矮小化している。

ところで関東大震災の直前に、現実世界での二郎の関心を引いたのは何かというとそれは女性であった。この場面を少し時を戻して見てみたい。

東京に出てくる混雑した汽車の中で、二郎は、若い女性に席を譲って大きな荷物を担いでデッキに出る。二等車のデッキに若い菜穂子が、連れのお絹を連れて出てくる。デッキに座って本を読んでいた二郎の帽子が風に飛ばされる。その帽子を、機敏に、手を伸ばして菜穂子が掴む。汽車から飛び出しそうになった菜穂子を、三等車のデッキから、さっと二等車のデッキに移って、二郎は菜穂子を支える。菜穂子は、二郎にフランス語で詩の一節を語りかける。二郎は、それに続く一節を返す。それに対しニッコリとほほ笑む。二郎は三等車に戻り、菜穂子が二等車の席に戻ってゆく間にお絹と丁寧にお辞儀を交わす。二郎はデッキに座り、菜穂子と交わしたポール・ヴァレリーの詩を改めて「風が立つ、生きようと試みなければならない」と呟く。

このシーンはとても興味深い。というのも、二郎は、三人の女性（席を譲った女性、菜穂子、お絹）とかかわっている。言い換えれば、女性としか、かかわっていない。男性とのかかわりが描かれない。二郎が席を立ったのは、女性に席を譲るためであり、菜穂子とのかかわりは自身の帽子を受け止めてくれたがために体のバランスを崩した菜穂子を支えるためであった。菜穂子の身体に接触するのは、菜穂子の行動によって誘発され、触らなければ彼女の身が危険なためであった。身体に触れるのが当然の状況が作り上げられている。

同様なことは、引き続いて起こっている。汽車が、地震によって停車してしまった時に、二郎が気づくと、お絹が足を痛めて歩けなくなっている。足を骨折してしまったのである。二郎は、自分のカバンの中から計算尺を取り出して、お絹の骨折した足にあてがって、足を固定する。そして何の躊躇いもなく、お絹を背負う。女性の身体に触るのが、自然な状況ができ上がっている。このように青年期に入った途端、二郎は、女性と、身体を触れ合わしてもおかしくないような状況に出合う。

このような状況は、女性の方から、作り出されているものでもあった。青年期の男性が、女性と、身体を触れ合わせることに、本来ならば大きな躊躇いや羞恥を感じてもおかしくないと思うのだが、二郎には、それがない。女性の身体に触れることを躊躇わない。躊躇わなくても良いような状況が、そして助けることが、男性としての務めであるかのような状況がうまく作られているとはいえ、女性に向かう前向きの行動力が発動されている。

こうして菜穂子とお絹と身体を触れ合う体験をした二郎であるから、骨折したお絹を置いて、菜穂子と二人で、菜穂子の実家に助けを求めに向かう途中の大混雑の群衆を縫う間に、二人が手をつなぐのもまた必然である。手をつながなければ二人ははぐれてしまうかもしれない状況が作られている。大混雑の中、流れに逆らって手をつないで進むことは非常に困難と思われるが、それでも二人は手をつないで離さない。手を離すのは、人がまばらになってからである。

こうして菜穂子の実家へたどり着き、家の雇人が二郎についてお絹のところにたどり着く。この時には二郎はもうお絹に関心がないかのようにさっさと遠ざかってゆく。雇人は二郎を気持ちいい若者と評価する。こうした雇人の評価は、二郎の行動を、若者らしいと印象付ける。しかしお絹を抱き上げる雇人がいる以上、その立場にはなれない二郎は、お絹に全く関心を失った。それゆえ、さっさと遠ざかった。二郎の現実での行動は、女性と触れ合いたいといった快感原則の完遂に尽きているのであり、その目的に添わない行動は起こさない。現実世界の行動が快感原則に従うというのが『風立ちぬ』の現実の矮小化の一つの表れである。言い換えれば徹底して葛藤を排除しているのであり、女性との間で、葛藤が起こらない。

3　空想優位

宮崎駿が現実優位の人であるならば、高畑勲監督による『かぐや姫の物語』（2013）（脚本：高畑勲・坂口理子／原案：高畑勲／原作：「竹取物語」／製作：氏家齊一郎／制作：スタジオジブリ／製作：「かぐや姫の物語」製作委員会）に描かれたように、自然の美しさや建物の美しさ、あるいは人間の表情の美しさなどを描き込むのであろうが、宮崎監督が現実で描くのは、飛行機の翼の曲線を魚の骨でたとえるレベルである。それより二郎は、飛行機が飛ぶところを夢想する。飛行しているイメージが立ち上がってくる。その場面は、三菱内燃機ＫＫに就職し、飛行機の設計を任された二郎が、初日に体験したものである。就職したその日に、二郎は、上司の黒川からネジの設計を依頼される。二郎は早速その仕事に集中する。その集中が極度に達した時に、彼の額のあたりに飛行機のイメージが浮かび、空を飛んでいるが、途中で不具合が起こったのか、集中の途切れる二郎の顔が挿入され、引き続いて飛行機が空中分解する。二郎の前の製図台からそのイメージが浮かび上がったかのようであり、二郎の衣服が風をはらんで膨らんでいる。

そんな時、本庄が二郎に声をかける。それと同時に風は収まって、現実に戻った二郎が本庄の方に顔を向け、昼食の誘いに応える。熱中する二郎には、熱中した対象をリアルにイメージすることができ、さらにはそのイメージが空中でどのように飛翔し、そして空気抵抗によってどのように破壊されるかを思い浮かべることができる。二郎の浮かべるイメージは、現実よりリアルである。夢が現実よりも重いとする図３の特徴がここに現れている。ヘルマン・ヘッセの『車輪の下』の主人公ハンスが、本の文字の先に、本の登場人物のキャラクターが生身に見えるのと同じような現象である。イメージが現実を凌駕している。しかし二郎が健康的なのは、本庄が声をかけると、即座に現実に戻れることである。イメージと現実との境界は明確に維持されている。『車輪の下』のハンスは、その境が曖昧になっていたのである。先生の呼びかけによってもなかなか現実に戻れず、ただニヤニヤしているのがハンスであった。

新型機の設計に明け暮れる二郎が、若い技師たちを集めて自主的研究会を開く場面がある。若者たちは二郎の話を熱心に聞くうちに、彼らの背後から新しい飛行機が飛来し、飛び去ってゆくのを幻視する。若者たちの共同幻視である。先ほど紹介したのは、二郎が一人で飛行機が飛ぶのをイメージしたのであったが、アニメーションの後半では、若い技師たちが二郎の考える飛行機を共同幻視し、気持ちを一つにしていた。共同幻視するほど、皆の心が一つになっているのである。そうした議論が高まっている様子を課長と上司の黒川が面白いと眺めている。

この場面の興味深い点は、二郎のイメージが、共同のものになったということである。言い換えれば、個人のイメージが、共通のものとなり、同じようにイメージを見られない熱気の乏しい人は一緒にいられない状況ができているということでもある。例えば、高畑勲監督の『かぐや姫の物語』のかぐや姫のように、周囲に馴染めないでいる人がこの場にいたとしたら、拒否されかねない。イメージが共通幻視に至るようになるまで強固になっている。

これに対応したような夢の体験が、二郎がユンカー社に視察に行った時に見られている。視察のためにあてがわれた宿舎に戻った二郎が見た夢は、日の丸をつけたユンカー社の大型飛行機とおぼしきものが、爆発し、粉々になって地上に落下するというものであった。二郎の目の前に日の丸をつけた翼が落下してくる。二郎にはユンカー社の大型飛行機は、賛美できるような代物ではなかった。翼を見つめる二郎に、本庄が「二郎」と呼びかける声が被さるが、現実の二郎はベッドの上で本庄の呼びかけに目覚めることがない。本庄は二郎が西回りで帰ることになったという伝言を聞く。その伝言そのもののように二郎の夢は汽車に乗っているように続く。そして気づくと隣にカプローニが乗っていた。カプローニは二郎にまだ風は吹いているかと確認し、二郎は吹いていると答えるのを聞いて、走っている汽車の外に誘う。汽車の外は、二郎とカプローニの夢の草原で、カプローニが引退するために招待した関係者の家族が乗り込んだ飛行機が待ち受けていた。それに乗り込んだ二郎は、カプローニが、乗客を乗せる飛行機を夢見ていたことを知る。翼の上に立ったカプローニと二郎は語り合い、二郎はカプローニに美しい飛行機を作りたいと思っていると自身の思いを語る。そうして二郎の思い描く美しい飛行機のイメージが二人の前に現れ、二郎は紙飛行機を飛ばすように、その腹を持って勢いをつけて空に飛ばす。カプローニはそれを目にして「美しい夢だ」と呟く。

カプローニが二郎を招待した飛行機には関係者の家族が乗り込んで大騒ぎしている。飛行機に乗り込んでいるのが拡大家族集団である。そこには飛行機に乗り込んだ家族的一体感があるようである。その中に二郎が招き入れられた。こうした夢体験の後に、二郎は若い技師たちと共に飛行する飛行機を幻視した。つまりカプローニの機上での家族的一体感と、若い技師たちと体験した一体感は同質なものとみることができる。こうした一体感は、戦争に向かって社会が動いているという現実の中で、二郎を突き動かす原動力となっている。アニメーションは空想的一体感を、幻視や夢を通して、望ましい体験として提示する。そのためにその場を目にしていた黒川は「感動しました」と、第三者的なコメントを述べるのである。

こうした一体感の対極にあるのが、会社の重役との会議であり、海軍軍人との会議である。二郎は彼らの話を全く聞いていない。そうした会議の後廊下で黒川が二郎に「お前聞いていないな」と言った後で、上記の、若い技師たちとの飛行機の幻視のシーンが続くのである。二郎にとって重役や海軍軍人の話は、現実的な重みをもっていない。『車輪の下』のハンスが、先生の呼びかけを無視してしまうのと同じである。ただハンスの場合、目の前の本から立ち上がったイメージに心を奪われて、現実の対応が疎かになったのであるが、二郎の場合、意識的に外部の情報を遮断しているという違いがある。共通しているのは、自己の世界に閉じこもり、自己の内面世界が優位となり、現実が軽視あるいは無視されていることである。二郎の場合は、自閉を、自覚的に作り出し、そしてその自閉的世界に若い技師を巻き込んで、取り込んでいるのである。閉じられた世界の中で、家族的な一体感が現出する。

4　現実軽視

さて、現実と向き合う時に二郎の先には女性がいると既に述べた。飛行機の夢以外で、現実生活で二郎が関心を向けるのは唯一女性である。例えば、関東大震災の二年後、二郎は大学で学んでおり、食事に出かけた間に、女性が訪ねてきて荷物を置いて行ったと風呂敷包が手渡される。包みを開いた二郎はそこに計算尺を発見し、お絹のイメージを思い浮かべる。そのお絹は後ろ姿であり、顔は見えず、大学の門を去って行く。二郎にとって、お絹は、顔も覚えていない女性なのである。それにもかかわらず彼は、そして留守中に訪ねてきたと聞いているにもかかわらず駆け出し、門の外にまで飛んでゆく。すでにいないと知っているにもかかわらず、彼にとっては、風呂敷を受け取ったまさにこの瞬間に彼女が訪ねてきたかのように反応する。二郎は、幻視する対象がリアルなため、日常的な時間感覚から外れた行動をすることがあるのである。

次に突飛な行動に出るのが、静養に出かけた先でのことである。

静養に来た二郎は、菜穂子に出会う。その出会い方は、最初に汽車で二人が出会ったのと全く逆の関係になる。汽車では、二郎の帽子が風に飛ばされ、菜穂子がそれを捕捉したのであった。今度は、丘の上で写生している菜穂子の日傘が風に飛ばされ、それを二郎が視野の片隅に捉え、追いかけて、風に引っ張られそうになる傘を何とかして抑え込む。傘を捕捉するのは二郎の方であった（高坂、２０１３）。

菜穂子との関係は、その後も物を媒介とする。二郎は、森の入口に、菜穂子の絵の具や椅子、キャンバスが置いてあるのを目にする。森の中に入り込んでいった二郎は、菜穂子を発見する。菜穂子は二郎と目を合わせてハッとするが、目を伏せ、背を向けてしまう。二郎は、菜穂子の背に向かって、「ぼくもどります」と言う。それを聞いた菜穂子は振り返り、「行かないでください」と言い、「あなたがここへきてくれるようにお願いしていたんです」と不思議なことを言う。願っていたというよりも、絵の具などの目印を置いて、探しに来るように誘っていたのではなかろうか。

その後、豪雨に見舞われた二郎と菜穂子は、日傘の中で肩を寄せ合うことになる。先に紹介したように関東大震災という災害が、お絹を背負い、幼い菜穂子の手を握ることを正当化していたのと同様に、豪雨、という理由があるために、二人は親しく接触する。接触するのが必然であるかのように作り上げられている。実際は、わずか数回の出会いにすぎないのに、親密な空間ができ上がる。そんな中、菜穂子が自分とお絹の二人にとって二郎が白馬に乗った王子様だったことを語る。愛情を先に示すのは菜穂子であり、これを聞いた二郎は、菜穂子の自分に寄せる愛情を疑う必要がなくなる。もはや二郎は菜穂子に声をかけて拒絶される危険性がない。そうした二郎の気分を象徴するように豪雨は止み、空には太陽が顔を表し、美しい虹がかかる。二郎は「虹なんかすっかりわすれていました」というのである。

以上のように見てくると、二郎は、現実の場で、女性に向き合っているかに見えるが、それは完全に状況が設えられて、一緒にいてもおかしくないような状況が作られているから成り立っていることがよくわかる。二郎の願望充足のために、現実が、全て設えられている。あたかも夢の中で、願望が全て叶っているかのようである。

その後の経過についても見てみたい。肺を病んだ菜穂子と結婚した二郎は、菜穂子を一人黒川家の別宅に残したまま、夜遅く帰宅する。二郎の妹の加代が、夜遅くまで二郎の帰宅を待って、二郎に詰め寄る。菜穂子が可哀そうだ、と。それに対し二郎は短い時間を精一杯生きている、と答える。常識的な加代に対して、それにもかかわらず切羽詰まって生きていると二郎は語る。しかしそれにしては夜遅く帰宅し、さらには菜穂子の横で、机の上で計算尺を使い始める二郎は、仕事を優先しているように見える。菜穂子はもっと近くに来て、と二郎に語りかけ、近くに来た二郎に手をくださいと要求する。ここでも菜穂子が二郎の行動を誘導している。菜穂子は健気な発言をする。それは「お仕事をしているときの二郎さんの顔をみているの、好きなの」というものであった。二郎が菜穂子の寝ている横で仕事をすることに免罪符を得たことになる。菜穂子の前で二郎は煙草を吸いたいと言う。菜穂子はここで吸ってと言う。だってお前、という二郎に菜穂子は「いい」と言い、二郎は煙草を吸い始める。女性の身体をいたわるよりは煙草を吸いたいという欲望が優先される。

飛行機が完成し家に戻った二郎は疲労困憊しており、菜穂子の元に来て、身体を横たえるや否や眠ってしまう。菜穂子はそんな二郎の眼鏡をはずし、二郎の身体に布団を掛ける。次の日、完成した飛行機の試運転に立ち会うために出かけてゆく二郎を見送った後、菜穂子は自らの決断で、黒川邸を辞し、療養所へ帰ってゆく。ここでも行動の主導権は菜穂子が握っているのであり、菜穂子の決断を二郎が聞いたわけでもなく、ましてや菜穂子の行く末を二人で話し合ったわけでもない。

自らの決断で、療養所に戻って行った菜穂子の行動について、黒川夫人は、美しいところだけを好きな人に見てもらった、と評価するが、訪れて来た加代は号泣する。黒川夫人は二郎が菜穂子の美しいところだけを見ていた、そしてそれは菜穂子の希望でもあったと言っている。しかしこの発言の意味しているところは、二郎は、菜穂子の作り出す彼女自身の美しさの演出を受容していただけで、二郎と菜穂子の二人の関係性の中で、菜穂子の美しさを発見していたわけではないということである。また菜穂子に対して現実的ないたわりの言葉をかけてもいない。菜穂子の元へ帰っては来るが、ただそれだけである。菜穂子の存在を尊重し、いたわり、配慮することは描かれない。菜穂子は生きた生身の女性というよりは、二郎にとってのもう一つの願望の対象であり、それを思い通りに幻視しているかのようである。飛行機を幻視したのと同じである。菜穂子が飛行機と違うのは、生身の人間として描かれていることであるが、その特徴は、幻視した対象であるかのようである。願望充足の対象ではあるために、現実的な葛藤が生じることはない。

菜穂子は宮崎監督が描く活動的で一途な女性の流れを汲んだ一人である。女性の一途さに周囲の男性は魅せられてしまう（横田、２００６）。そうした女性を描き続けてきた宮崎監督にとって、菜穂子は、一つの理想的な姿なのであろう。『風立ちぬ』での新しい姿として、一途でありながら引き際を心得ている女性、を提示したのである。

以上のように見てくると、アニメーション全体が二郎の願望充足のための一人称で語られ、二郎の感情を揺るがすような現実的な障害は現れず、ただひたすら願望充足のために過剰に行動するだけのものと思えてくる。つまりアニメーション全体が現実とのかかわりを絶った二郎の自閉的世界であるかのようである。宮崎（２０１３）自身は狂気を含んでいると語っている。しかし、実際は、ただ気持ちの良い、葛藤のない夢の叶う世界を、見せているだけである。たとえラストで二郎が飛行機の残骸を夢の中で目にしたとしても、菜穂子が現れ、「生きて」と勇気づけてくれる。葛藤が夢の中で生まれかけていたかもしれないのに、心地よい風の表現と共に、その可能性は快く消されてしまっている。

高畑勲監督は『火垂るの墓』（１９８８）（脚本：高畑勲／原作：野坂昭如／プロデューサー：

原徹／制作：スタジオジブリ／製作：新潮社「火垂るの墓」製作委員会）で、社会から隔絶し、防空壕に閉じこもって結局死んでしまった兄妹を描いていた。自閉すると死に至る、という現実の厳しさを示していた（横田、２０１６）。『火垂るの墓』は、主人公の清太の幽霊が立ち現われるところから始まる。つまり物語全体が清太の生前の記憶なのである。この点では、宮崎監督の『風立ちぬ』が、夢で始まり、夢で終わる、つまり作品全体が夢の世界であるかのように描かれているのと似ている。しかし内容的には全く逆である。宮崎監督は『風立ちぬ』で、社会から隔絶し、現実と向き合わず、自分の楽しい世界に閉じこもっていてもよい、自閉的世界は創造的なのだ、と語っている（自閉的世界と創造性についてはアニメーションの個人作家を例にしてかつて検討した（横田、２００９））。これはすなわち、現代の若者に対する、現代的な自閉のすすめとなっている。

5　「生きて」

菜穂子が夢の中に現れて二郎に「生きて」と言うセリフは、プロデューサーの鈴木敏夫（２０１９）によれば、最初は、「来て」だったという。菜穂子がこちら側、つまり死の世界に「来て」と誘っていた。それを一字書き加えて全く逆転させて「生きて」にしたのだという。そのあたりのことを引用してみたい。

「絵コンテでは、そこで菜穂子が『あなた、来て』と、二郎をあの世に誘うことになっていました。あまりにつらい終わり方です。そこで、宮さんに相談したところ、最後の最後に、『あなた、来て』が『あなた、生きて』に変わった。たった一文字『い』を入れるだけで、まるで逆の意味にしたんです。あの手際には本当に感心しました。」（三六七頁）

しかし、鈴木が感動するほど宮崎監督は生と死を逆転させて描いているのであろうか。菜穂子が登場したのは二郎の夢の世界である。夢の世界に現れる異性のイメージは、アニマ（ユング、1992）として知られている。そして夢の世界にはもう一人の登場人物カプローニがいた。カプローニについては先に老賢者に対応するような男神のイメージとして紹介した。いずれにしても無意識世界のイメージであり、その女性イメージが「生きて」と言ったとしても男神はワインを飲んで行けと言ったように、無意識世界に停滞することを勧めているのである。

ここで二郎が憧れていた飛行機乗りを描いた宮崎監督作品があることを思い出そう。『紅の豚』（1992）（監督・原作・脚本：宮崎駿／プロデューサー：鈴木敏夫／製作総指揮：徳間康快・利光松男・佐々木芳雄／制作：スタジオジブリ／製作：「紅の豚」製作委員会）である。この作品の構造は『風立ちぬ』とよく似ている。ポルコが乗る飛行機の修理をする工場では、多くの女たちが一緒になって、家族的な雰囲気の中で仕事をしていた。そしてポルコの隠れ家へ、修理工場の娘のフィオが強引についていってしまった。このように『紅の豚』では、仕事の場とプライベートの場が描かれていた（横田、2006）。『風立ちぬ』でも、仕事場での二郎は若い技師たちを話に引き込み、共同幻視を体験するほど緊密な関係を築いていた。まるで家族的な一体感のようであることは述べた。一方菜穂子は、病を押して二郎のところに押しかけてきたのは、フィオと同じ強引さであり、菜穂子の場合押しかけ女房になってしまう。ポルコも二郎も、女性の行動力に押し切られなすすべがない。

『紅の豚』のラストでは、フィオを間に挟んで、ポルコとカーチスが、拳で殴り合う。『風立ちぬ』においても二郎とカプローニの間に菜穂子がいる。二郎とカプローニは、戦いはしないが、状況は類似している。『紅の豚』ではその後、皆は現実社会に戻ってゆくが、『風立ちぬ』では現実社会に戻ってゆかない。死の世界に近いところにとどまったままでいる。その意味では、鈴木敏夫のように、楽観視できない結末と思う。

空を飛翔する飛行機を作ろうとしていたのに、最後に行きついたのは無意識の底であったのである。ニーチェの木のイメージをここに当てはめれば、『風立ちぬ』のラストは無意識の底であるので、木の根っこの先であるから、この世界を補償するためには、木の枝の成長する先をイメージする必要がある。宮崎監督が次の先として選んでいるのが『君たちはどう生きるか』という題名の作品である。この題名からは、『風立ちぬ』のラストからの立ち直り、あるいは補償の意味合いが読み取れる。

しかし『風立ちぬ』の終わりの場面をもう一度振り返ってみると、また別の様相が見えてくる。二郎はカプローニの問いに答えて「おわりはズタズタでしたが」と述べている。カプローニの

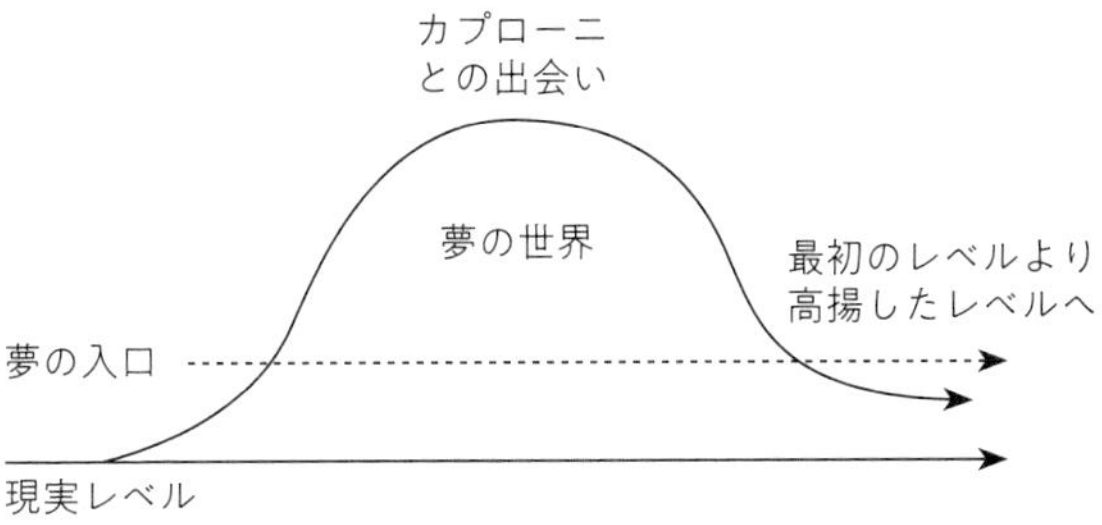

図４　無意識での感情の高揚

問いは力を尽くしたかということであったので、それには「はい」と答えて、それに続けて言った言葉が「ズタズタ」ということであった。「ズタズタ」に続く言葉で連想するのは例えば「ズタズタに傷ついた」というようにネガティブな含意があると思われる。さらには零戦の編隊を見送った後で二郎は「一機ももどってきませんでした」と述べている。ここにもネガティブな含意があると思われる。

しかし二郎とカプローニがいる夢の平原は明るく、爽やかな風も吹いている。むしろ二人のいる空間はポジティブな世界である。二郎は心理的にはネガティブな体験を抱えているかのようであるが、背景はそれには一致せず、むしろ明るく楽しい世界である。二郎のズタズタになった心は、彼の無意識世界で、完璧に補償されている。むしろ、含意しているネガティブさを跳ね返すような、過剰に明るい世界に見える。つまり宮崎監督の世界は、通常よりは、やや過剰な精神の高揚状態を反映したような前向き行動力の世界であり、それは二郎の夢の中での出来事であったかのように終わった。

以上のことを示すと図4のようになろう。これは感情の谷を逆転したものに相当する。つまり、二郎は現実レベルから夢の無意識世界に入る。その無意識世界では、感情の混乱が体験されるのではなくむしろ感情の高揚が体験される。その高揚を引き出すのがカプローニという他者との出会いであり、彼との語らいである。カプローニとの出会いによって高揚した感情は、無意識から戻った（夢から覚めた）時に、二郎の前向き行動力を過剰に発揮させることに働く。ラストでは、まさにカプローニから二郎が前向き行動力のエネルギーを注入されようとして、ワインを一緒に楽しむことを誘われたのである。

しかしそうだとしても二郎一人の願望充足しか描かれていないという事態は残るのであり、二郎がどのように社会とつながっているか全く見えない終わり方は、二郎が自閉の状態にあることを示しているといえよう。菜穂子が、たとえ、「生きて」と言ったとしても、それは二郎が生きているという実感は伴っていない無意識の中での、単なる、自己充足的な、都合の良い言葉でしかない。

【第1章　引用文献】

ブロイラー・E（飯田真・下坂幸三・保崎秀夫・安永浩訳）1974　早発性痴呆または精神分裂病群　医学書院
原田マハ　2012　楽園のカンヴァス　新潮社
ヘッセ・H（高橋健二訳）1951　車輪の下　新潮社
ユング・C・G（野村美紀子訳）1992　変容の象徴（下）　筑摩書房
ユング・C・G（ソヌ・シャムダサーニ編　河合俊雄監訳　河合俊雄・田中康裕・高月玲子・猪股剛訳）

２０１４　赤の書【テキスト版】　創元社
宮崎駿　２０１３　企画書飛行機は美しい夢　スタジオジブリ責任編集　THE ART OF WIND RISES 風立ちぬ　pp.8-9　徳間書店
ニーチェ・F　(吉沢伝三郎訳)　１９９３　ニーチェ全集9　ツァラトゥストラ(上)　筑摩書房
鈴木敏夫　２０１９　天才の思考―高畑勲と宮崎駿―　文藝春秋
高坂希太郎　２０１３　インタビュー　ロマンアルバムエクストラ風立ちぬ　pp.26-30　徳間書店
横田正夫　２００６　アニメーションの臨床心理学　誠信書房
横田正夫　２００９　日韓アニメーションの心理分析―出会い・交わり・閉じこもり―　臨川書店
横田正夫　２０１６　メディアから読み解く臨床心理学―漫画・アニメを愛し、健康なこころを育む―　サイエンス社
横田正夫　２０１７　大ヒットアニメで語る心理学―「感情の谷」から解き明かす日本アニメの特質―　新曜社

第2章 新海誠『天気の子』

『天気の子』は大ヒットした。『君の名は。』（２０１６）（監督・原作・脚本：新海誠／製作：市川南・川田典孝・大田圭二／エグゼクティブプロデューサー：古澤佳寛／制作：コミックス・ウェーブ・フィルム／製作：「君の名は。」製作委員会）に引き続いての大ヒットである。大ヒットを続けるということは、心理学的に見て、観客の心を引き付ける魅力があるということであろう。その点を、うまく引き出せれば、その要因を、心理学的に明らかにすることができると思われる。

『君の名は。』は、前著において「感情の谷」の一つのモデルとして論じた（横田、２０１７）。感情の谷は、主人公が大きな感情的な出来事にぶち当たって、無意識的世界に落ち込み、そこで重要な他者と出会うことで悟り体験を得て、現実に戻り英雄的行為を果たす、というアニメーションに描かれる体験プロセスとして導き出されたものであった。このモデルは『君の名は。』にも当てはめられ、主人公の瀧は、夢の中で身体を入れ替わっていた三葉の記憶が失われてゆき、朧げに残った記憶を頼りに必死になって山頂にゆき、そこに祠を見つけ、三葉が実在したことを確認した。三葉の作った口噛み酒を飲み、転倒し、意識を失う。そして三葉の生前の記憶をたどり直すようなイメージを目にし、再び三葉の身体の中で意識が戻る。つまりこの作品での感情の谷への落ち込みは、瀧が意識を失うことで示され、瀧と三葉の住む世界の時間的な隔たりを飛び越えてしまう。感情の谷への落ち込みが、時間と空間を飛越することを可能にしていた。

感情の谷で想定しているのは無意識世界である。瀧が落ち込んだのは、三葉の無意識世界であり、その無意識世界は、夢と同様でリアリティに溢れている。彗星の接近によって、破壊される未来をもった世界である。彗星の接近は、動かしがたい事実であるが、彗星の落下地点の住民を救済するのには、まだ時間がある。そんな時間へ落ち込んだ瀧は、当然、彼の意識の落ち込んだ先の三葉の身体を救いたいと思う。そして瀧の意識を持った三葉は、過剰に行動的になり、街の人々を救おうと奔走する。そして女の子らしからぬ行動力を示す。この行動力は、前向き行動力として語られるようなものである。意識は瀧であるので、男性的行動となるのは当然である。つまり無意識の中で、三葉は、過活動となっている。それは『風立ちぬ』で、夢の世界でカプローニと出会ってエネルギーをもらって前向き行動力を示す二郎の姿と似ている。

無意識世界の出会いが、過剰な前向き行動力を引き起こすのである。そしてその前向き行動力は他者を助けるために発揮される。

では『天気の子』ではどうであろうか。

1　主人公の帆高

『天気の子』の主人公の帆高は16歳の家出少年である。この少年は、初めから終わりまで、社会との接点は乏しいままである。『風立ちぬ』の二郎の物語が夢に始まり、夢に終わるのに似ている。ただ帆高の場合、明らかな夢の世界に入るのではなく、現実的なレベルにいながら奇跡的な出来事に遭遇するのであって、現実的なレベルで奇跡が珍しくない夢的な世界となっている。

物語のはじまりで、船の上の帆高は、激しい雨の予想を知らせる船のアナウンスに反して甲板へ出て、バケツをひっくり返したような水の塊を身体に受けて、船から落ちそうになる。この雨の表現は、「奇跡」といえるような出来事である。そしてこの奇跡に対応して、ヒロインの陽菜を現実に引き戻す奇跡がラスト近くで起こってくる。

つまり奇跡に始まり奇跡に至るのであるから、『風立ちぬ』の夢から始まり夢で終わるのに対応している。帆高が目にする奇跡は、彼の眼前に、非常なリアリティをもって立ち現われる。『車輪の下』のハンスが、文章から立ち上がってくる登場人物のリアルさに圧倒されるのに似ている。ハンスは登場人物のリアリティに魅せられてしまって、現実への対応が疎かになるが、帆高は奇跡に出合って気持ちが高揚してしまうことはあるが、現実的なレベルから逸脱することはない。

実際に出だしのところでは、船から落ちそうになった帆高は、中年男の須賀に助けられる。もっともこの須賀という男も、そもそも社会的な意味では現実感の乏しい男ではあった。すなわち、帆高は、須賀から、別れる時に名刺を渡され、困ったら連絡するようにと言われていた。帆高は、東京での生活に困って、スナックだった場所をそのまま事務所に使っている須賀を訪ねてゆく。坂道の途中にある事務所は、階段を下りたところにあるので、坂道に隠れてしまう。怪しげに見える事務所、そして空間的な配置、いずれも須賀が、社会からやや外れたところで生活していることを暗示している。しかも彼の仕事は怪しげな記事を出版社に売ることであった。かろうじて社会との接点を維持しているような仕事をして生活しているのが須賀であった。

さて帆高の来歴は何も語られないので、彼のアイデンティティは曖昧なままである。彼が東京に出てきたのも、光を追った先に東京があった、ということであった。その経緯が語られるのが、ヒロインの陽菜との出会いのシーンである。すなわち、帆高が、ファーストフード店でポタージュスープを飲んで食事を切りつめていると、アルバイトの少女がハンバーガーを内緒といって置いて行った。少女は、彼が三日間同じものを食べていたことに気づいていた。そして帆高に笑顔を見せる。

この少女が陽菜で、彼女の善意を受ける前に、帆高は、離島を離れるきっかけになったような体験を思い浮かべていた。雲の間から漏れた太陽の光が、小さな丸となって地面に当たっており、それが動いてゆくのを、帆高は追いかけた。その小さな光の輪は、島から離れ海の方に行ってしまった。帆高は崖のところでその光を目で追っていた。島を出る理由はこの光を追うこと、そしてこの記憶の直後に少女が現れ、笑顔を見せたことで、太陽の光と同期した。帆高の行動の動機はどうやら太陽の光を追うといった漠然としたものだったらしい。その太陽の光を追うという記憶が蘇ったのであるから、帆高の前向き行動力が、新たな目標（陽菜）に向かって発動し始めた。

帆高の体験は光体験ということができよう。光体験の様相はさまざまなものが報告されていることを、宗教史家のエリアーデ（１９７３）は紹介している。エリアーデは光体験によって生起することについて次のように述べている。

「われわれは今、光との出会いが――たとえそれが夢の中で起ったとしても――、人間存在を『精神』世界へと押し開くことによって、最後にはいかに根本的に人間存在を変化させるかをみた。ところで、すべての超自然的な光の体験には共通分母が存在する。つまり、このような体験をした者は誰でも、存在論的な変化を蒙るのである。彼は別の存在様式を獲得し、それによって精神世界へと近づくことができる。」（二〇頁）

つまり光体験は神秘体験であり、その体験をした者には精神的な変革が起こるという。前著

（横田、２０１７）においては「感情の谷」に落ち込むことによって主人公に精神的な変化が起こり、英雄となると述べた。エリアーデが論じているのは、英雄になるような精神的変化は、光との出会い、つまり光体験によっても起こるということである。しかしこの光体験では感情の谷で起こったそこに留まり続けようとするような停滞が起こるわけではない。むしろ行動の開発が起こるらしい。例えば、帆高は、光に出合って、それを追いかけた。そして光の先を追いかけ続けることによって島を出て東京へ家出をした。家出の理由としては極めて漠然としたものであるが、光を追いかけるという動機があった。帆高の追いかけたいといった個人的な欲求の充足が目的であったということである。帆高が光を追いかけたのは、猫が鏡に反射した光を追いかける様子に似て、強い刺激にただ反応しているだけにも見える。猫と同じで、追いかけることが欲求充足になっているようなのである。

2　光体験

一方、ヒロインの陽菜の体験する光体験は、帆高のものと本質的に異なる。

帆高は、ファーストフード店での出会いの後に、陽菜に再会する。まずはその経緯を見てみたい。

東京に来たばかりで、ドアのところにうずくまっていた帆高の足をわざと掬ってころがし、そして蔑すみの視線を投げかけたスカウトマンに、陽菜が、連れられてやってきた。それを目にした帆高は、いきなり陽菜の手を掴んで逃げ出す。しかし直ぐに捕まって、路上で馬乗りにされ、殴られる。帆高は、偶然手に入れていた拳銃を、男に突き付けて、思わず発砲する。愕然とする帆高。陽菜は、先に驚きから覚め、帆高を引っ張って逃げ去る。廃ビルに連れて来られた帆高は陽菜に怒鳴られる。陽菜はそのまま立ち去ってゆく。帆高は拳銃を投げ捨てる。そこに陽菜が戻ってきて、アルバイトを首になり、仕事が欲しかったことを語る。そして屋上へ帆高を連れて行き、これから晴れる、と言いながら祈るような仕草をする。すると何と太陽が雲の間から顔を出し、晴れた。奇跡が起こったのである。太陽を呼び寄せるという非日常を、日常化できる少女がいた。彼女は陽菜と名乗り、来月で18歳になると自己紹介する。

陽菜は、かつて雨が降っているにもかかわらず、病床の母親の部屋の外に見えた太陽の光に引き寄せられるように廃ビルの屋上の鳥居を潜り、天気と繋がってしまったのであった。そのため彼女が願えば晴れる。この天気を操れる能力を得たことで、陽菜に何が起こったか、というと、特別なことは起こらなかった。しかし帆高に出会って、落ち込んでいる彼に、晴れるところを見せると彼が笑顔を見せた。他者を笑顔にできる、と実感した。16歳の彼に対し、実際には15歳であるにもかかわらず、もうすぐ18歳になると嘘をつき、保護者のように振る舞うのである。

さて天気と繋がってしまうという陽菜の体験は、鳥居を潜って、異世界と繋がってしまったということである。「感情の谷」理論で述べているのは、激しいショック体験があって無意識に落ち込むことであるが、ここでの陽菜は鳥居を潜るという象徴的な行為によって異世界に繋がった。実際には、日常的な場面で異世界に出合ってしまうような体験もある。そうした体験が統合失調症の体験報告に見ることができるので紹介してみたい（澤、２００１）。

「するとどうだろう。立ち止まってしばらくたったその時、目の前の暗闇がにわかに発光し始めたのだった。

白色の光は少しずつ広がり、やがて小さな輪の形になった。輪の内側には、どこか異国の風景が辛うじてチラチラと見える。輪がさらに広がって体半分ぐらいになると、俺はその風景がどこの世界かはっきりわかるようになった。

そこはどうやらアメリカだった。アメリカには行ったことがないが、映画で散々見知っている。

（楽土はアメリカのような広大さで存在しているということか！）

眼前に広がりつつある風景を見て、そのように解釈した。そしてその光の輪がまさしく、楽土への架け橋であることを直感したのだった。」（一九四頁）

こういった体験である。澤の体験しているような光の環ではないにしても、陽菜は、その後異世界（雲の世界）へ行ってしまう。澤が楽土と表現している世界に、アニメーションの世界の中での話だが、陽菜は実際に行ってしまった。臨床心理学の松田（２００６）は統合失調症の報告する光体験を含めた神秘体験について神学者オットーが「聖なるもの」の中で記述して

いる宗教体験における合理的に説明しがたいヌミノースに関連付けて論じている。つまり、松田（２００６）は、

「ヌミノース体験は無意識に呑み込まれる危険性を孕むと同時に、その後の人生における『開け』を得る機会にもなりうる」（四頁）

と考えている。ヌミノース体験は、感情の谷同様に、無意識世界に落ち込む恐れがあり、そこから抜け出た時には人生が違って見えるような体験ともなる。陽菜が雲の世界に行ってしまったのは、心理学的に言うならば、無意識に呑み込まれてしまったということになろう。先に紹介したエリアーデの光体験は、精神的な変革が起こって来るものであったので、それは松田（２００６）の「開け」を得ることにつながるが、統合失調症の澤（２００１）の体験は「無意識に呑み込まれる危険性を孕む」。つまり同じ体験であっても、その方向性は二つあり、精神的な高みへ至るものと、精神的な崩壊に至るものである。

さて、陽菜の示す光体験が、自閉的なものではなかったことは特記すべきであろう。すなわち、陽菜たちのささやかな生活を維持するために、周りの人に、太陽が当たる時間を提供する。陽菜の力は、他者のために開かれていたのである。帆高の行動が「追いかける」ことに集約され、それが自身の願望になっていることと比べると、社会に開かれているのは陽菜の方であることがよくわかる。帆高のアイデアで、陽菜と二人で、晴れ女のビジネスを始める。晴れてほ

しいと念願する人々にはそれぞれ個々の願望があり、晴れることによってそれが満たされ、笑顔になる。陽菜にとって人々が笑顔を見せ、感謝してくれることが、彼女自身の生きている意義になる。つまり自分の願望よりも他者の晴れてほしいという願望を叶えることが、陽菜の生きる意義となるのである。

　こうした仕事を続けてきた後で、警察から拳銃の不法所持で帆高が追われるようになった時、陽菜は、小学生の弟の凪を連れ、帆高と一緒に逃避行に出て、ラブホテルにやっとの思いでたどり着く。そのベッドの上で、陽菜は、帆高に誕生日のプレゼントを渡され、喜び、そして降り続いている雨で夏なのにまるで冬のようになっている状況の中で、「この雨やんでほしい？」と帆高に尋ねる。それに対し帆高は無邪気に「うん」と答える。しかしこの答えは陽菜にとっては重要であったろう。この帆高の発言は、晴れれば嬉しいということであり、陽菜は帆高が晴れになれば喜ぶと知ったのである。

　今まで人を喜ばせることで自分の存在価値を見出していた陽菜は、目の前の、もっとも大切な人の願望を聞いてしまった。陽菜は、人柱の話を帆高に打ち明け、自身の身体が晴れを呼ぶたびに少しずつ透明になってきていることを語る。そして陽菜は、自分の身体の異変を、帆高に見せる。陽菜の身体が透明になっている。帆高は陽菜の身体を抱きしめる。

　その夜、帆高は夢を見る。離島で太陽の光を必死で追いかけた。光の中に行こうと。その先に陽菜がいた。陽菜もまた夢を見ていた。帆高に会ったことで自分の存在意義が明らかになり、誰かを笑顔にできるのが嬉しくて晴れ女を続けた、と。気づくと、雲の上にいた。帆高にもらった指輪は、指を通過して落下していってしまう。帆高が目覚めると、隣にいたはずの陽菜が消えている。帆高と陽菜が同じ一つの夢を見ていたようである。これは『風立ちぬ』の二郎が、カプローニの夢の中に入り込んだのと同じである。他者との共通の夢体験である。夢から覚めて帆高が目にしたのは、残っていたバスローブだけであった。

陽菜は、先の松田（２００６）のヌミノース体験にみられる無意識に呑み込まれる危険を実体験したのである。無意識に呑み込まれ、身体は透明になり、夢の中で雲の上に行ってしまった。

先ほど陽菜の光体験は、社会に開かれていたと述べたが、しかし実際はそうではなかったともとれる。つまり陽菜が光体験を商売にし始めたのは、帆高と一緒にいたかったからと考えることもできる。というのも光体験で商売が成り立つのは、ＷＥＢ上でのやりとりによっており、現実的な社会との触れ合いは、緊密ではない。そしてその社会との触れ合いの中で葛藤することがない。光体験の中では全て願望は充足する。しかも陽菜にとっては帆高との間の最高に素晴らしい体験として成り立っている。帆高の希望を叶えることが陽菜の行動原理となっており、陽菜の自我は、帆高の自我と一緒である。帆高と陽菜が共通の夢を見る背景には、陽菜と帆高が自我を共有しているような状態にあったということによるのであろう。「この雨やんでほしい？」と聞くのも、帆高が望めば雨を止めるということであり、帆高の願望が陽菜の動機となるということである。そうした自我がない状態で過ごしてきた陽菜の最終形態は、自我ばかりでなく身体もなくなってしまうということであった。

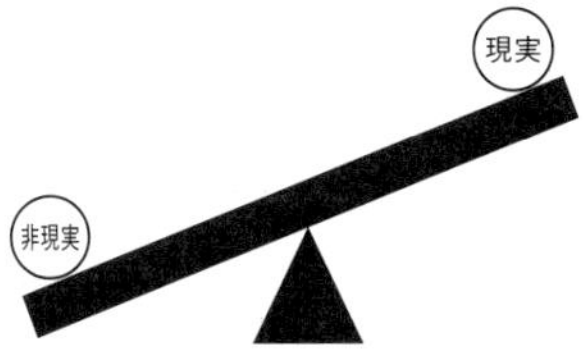

図５　非現実が現実より重い

身体がなくなる前のエピソードで、帆高の目の前で、陽菜の身体が風に吹かれて空中に浮いてしまう出来事があった。陽菜の身体が消えてしまう前駆現象があった。これまで異世界、雲の世界、無意識世界といろいろな用語で陽菜の体験した現象を述べてきた。それらの用語で語られた体験は、現実に対して考えれば非現実なものである。それは図２に示したシーソーの図の夢のところに非現実を当てはめた図５のような状態と考えられる。

図５に示したような非現実が現実より重くなっているシーソーの状態は、精神病理学的にどのように考えられるのであろうか。そこで思い出されるのが、安永の統合失調症の精神病理を精緻に展開したパターンの逆転という考えである。その全体的な考えをここで紹介する必要はないが、その出発点となった基本的な考えを引用したい。安永（１９９２）は、

「この原則の具体的意味をやや詳しく述べてみよう。例えばわれわれは生きている限り、『自』というものがどんなことを意味するかを、必ずしも常に『意識的に』ではないが、体験的に知っ

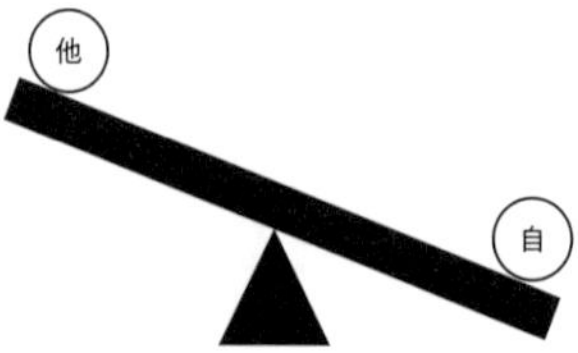

図6　自は他より重い

ている、ということができる（つまり『自』とは直接わかると感じられるし、またそうしてわかる以外にはない）。ところで体験の中には必ずこの「自」でない方のもの、『自』に対立して、衝突してくるものが含まれている。われわれはこれを『他』と名づけることができたのである。すなわち『「自」でないもの』をこそ『「他」である』ということができたのである。これがわれわれの直接体験における、『自』―『他』関係の順序である」（三〇頁）

と述べている。安永は「自」があって「他」が成り立つことをパターンとして説明し、そうしたパターンの成立順序が逆転して成り立つのが統合失調症の症状であると紹介する。ではこのパターンの考えを、シーソーのたとえに当てはめるとどうなるであろうか。

それは図1で示した現実、夢の部分に「自」と「他」を入れた図6のようなものであろう。この図は、順序によってではなく重みによってイメージしたものであるが、現実は自が他に対して常に重いとして体験されるということである。しかし陽菜では、彼女の身体が風に吹かれて浮いてしまった。図6の関係が成り立たなくなって、他（ここでは凪）が、自（ここでは陽菜の身体）より重くなってしまった。これをより一般的に精神的な体験として考えるならば、図5に示したように非現実が現実より重い、と示すことができる。ここで振り返ってみたいのは、陽菜が、天気を晴れにするのは、全て他者の願望を叶えるためであったということである。社会との繋がりがあると見えたこの陽菜の行為は、心理的にみれば、他者の願望をただ希望通りに叶えていたとみることができる。言い換えれば、他者の願望が、陽菜の意志より重いのである。図5で示したような関係性がすでにでき上がっていたということになろう。

さてここで帆高と陽菜が逃避行を始めた経緯を振り返ってみたい。

帆高は、陽菜から、晴れ女になったきっかけを聞く。そんな時、陽菜のアパートに訪問者がやって来る。帆高を探している警察であった。陽菜は、帆高のことを知らないと答えるが、母親が亡くなってから陽菜は弟の凪と一緒の生活を続けていた。刑事はそうした未成年の二人の生活を問題視し、児童相談所の職員とまた来ることを伝える。隠れて聞いていた帆高は、陽菜に一緒に逃げようと提案する。帰ってきた凪と三人で、アパートを後にする。

思春期の子どもたちにとって、生活の基盤は、非常に弱いことがよくわかる。大人社会の介入によって簡単に壊れてしまう。陽菜のアパートでの生活は、一体どのように営まれていたのかは全く語られないが、明るい色彩に溢れた部屋であり、整理整頓が行き届いている。小学生の凪と一緒に生活しているような部屋には見えない。帆高が初めて陽菜の部屋に来た時に、陽菜は素早く昼食を用意して、出してくれていた。陽菜にとって部屋は、住み慣れた空間であって、安定した居場所である。母親が亡くなり、一年がたっても、その間未成年の陽菜と凪のアパート生活が維持されていた。今後も維持されて当然であるはずのものが、唐突に現れた警察によって破壊されてしまった。

帆高、陽菜、凪の三人はアパートを後にして、東京都内を彷徨う。天気はいよいよおかしくなり、夏だというのに雪が降り出す。山手線で移動中に電車が止まり、池袋で降りてホテルを探すが、未成年の三人を泊めてくれるところはない。三人は警官に呼び止められる。警官は帆高に気づく。帆高は、警官の目を陽菜と凪からそらすために、駆け出すが、すぐに地面に抑え込まれてしまう。陽菜は懸命に空に祈る。すると雷が落下し、近くで爆発が起こる。陽菜の願いが通じて雷が落下した。

こうして陽菜たちは無事逃げることができた。そしてホテルも見つかった。結局未成年の三人にとって、大人社会から逃げるといっても、すれすれの逃避行である。三人の行動の混乱と夏の気温が冬のものに落ち込んでしまう異常気象とが同期する。思春期の子どもの精神的混乱が夏の天気を狂わせているかのようである。陽菜の願いを聴いて落雷が起こるのであるから、陽菜の心理状態をそのまま反映して天気が冬になってしまったとみることもできる。

エリアーデ（1973）によれば、稲妻は「天啓の光」であり、「精神的な啓示が瞬間的であること」（二一頁）にたとえられてきたという。ここでの稲妻は、陽菜が帆高を救うために示した奇跡である。それまでの晴れにするという奇跡と同じであるが、光が瞬間的になった。それだけ陽菜の感情が高まっていることが理解される。そして天気を操る陽菜の心理状態を反

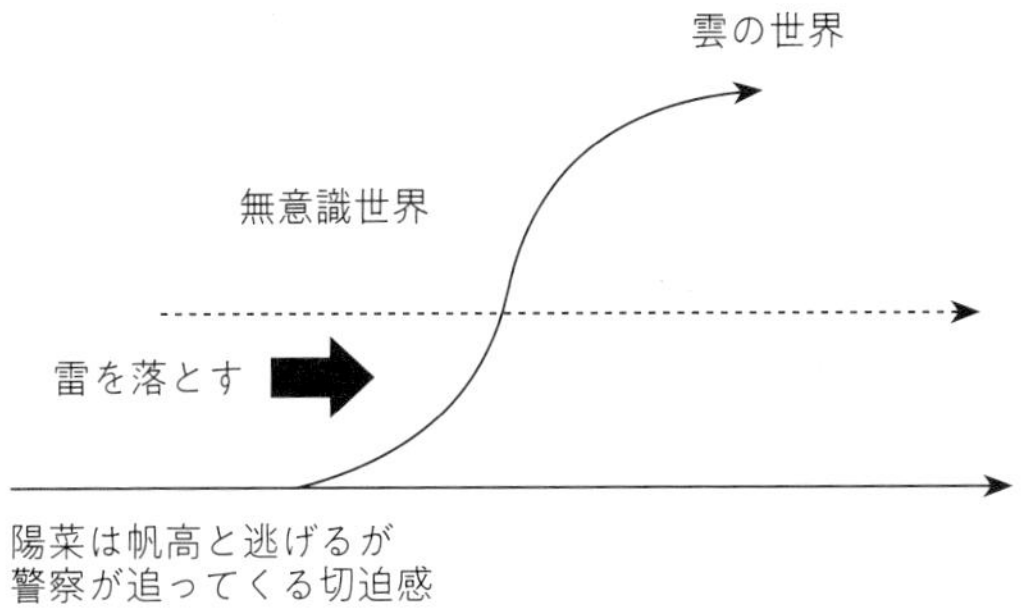

図7　陽菜の感情の谷

映したように夏の気温が冬になってしまっている。周囲の変化に同期した陽菜の心理は、混乱の極みにあるということであろう。こうした心理的混乱の後に、陽菜の身体が無くなるという出来事が起こり、無意識的世界に取り込まれ、雲の世界へ行ってしまった。澤（2001）の表現を借りれば、光体験を通して「楽土」へ行ってしまった。

こうした展開を考えると、陽菜は、感情的な混乱（警察に追われる切迫感）のために感情の谷（雲の世界）に落ち込んで、そこに閉じこもってしまったと、「感情の谷」理論から、考えることができる（図7）。ただ図7は、谷ではなく山として図示しているところが今までのものと違っている。「感情の谷」理論では、感情の谷への落ち込みは無意識の底への落ち込みを示しており、精神的な混乱が大きいことを暗示している。これに対して陽菜が行ってしまったのは雲の世界であり、そこは明るい世界に描かれている。『君の名は。』では、山の上で瀧と三葉が時空を超えて出会う奇跡が描かれていた。『天気の子』では、それよりもさらに上空の雲の上に出てしまった。谷の底というよりは山の上の上空である。この空の

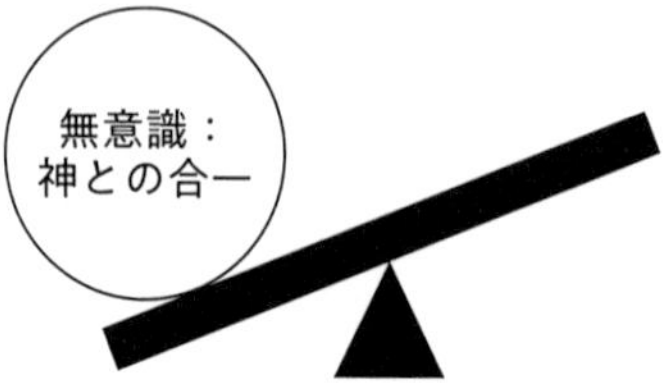

図８　陽菜の体験（無意識：神との合一）

上の雲の世界が暗示することは、気分の落ち込みというよりは高揚であろう。その意味では感情の谷に相当する無意識状態にあるとしても、そこで体験されているのは心の混乱というよりはむしろ心の高揚とみることができる。つまり松田（２００６）の言う「開け」を得たということになろう。

さて雲の世界の陽菜は、自身の身体が水のようになってゆくのを体験する。周囲は美しい空間で、水でできた魚のようなものが空中を泳いでいる。そしてその雲の世界で水と同化してゆくように陽菜の存在が希薄になってゆく。つまり陽菜が奇跡を起こす神のような存在に溶け込んで一体化しようとしている。物語の中では人柱と語られている。この体験は、シーソーの図で考えれば、図８のように示すことができないだろうか。

つまり図５で非現実として示したところが大きくなり、他方の現実は消えてしまった。そして非現実として示したところに「無意識：神との合一」が入る。『風立ちぬ』では、二郎がカプローニという男神に出会ったのであったが、帆高が雲の上で出会ったのは、神に合一した陽菜、つまり女神であったということになろう。女神に出会う帆高も心理的には極めて高揚した状態にあったと見ることができる。図7と後述の図9が相似形に見えるのは、当然のことである。

陽菜は感情の谷に落ち込んで無意識世界に入り込んだが、雲の上までやって来て声をかけてきた帆高を目にして一気に感情を爆発させるように彼に向かって走って行き、そして飛ぶ。陽菜の気分の高揚が一気に起こる。帆高の気分の高揚が陽菜に感染したかのようである。二人の気分の高揚が、結局神と合一化しつつあった彼女の身体を元に戻し、その高揚のまま手を取り合って地上に向かって落下してゆく。

3　ひたすら走る

さて陽菜がいなくなった後の経緯について見てみたい。

バスローブはそのままに残されていたのを目にした帆高のいる部屋に、警察官が侵入してきて彼を取り押さえ、警察署に連行する。取り調べ室に連れていかれた帆高はそこをいとも簡単に逃げ出してしまう。署内の誰にも妨げられず、署外に飛び出してゆく。刑事たちはその後を追いかけるが、追いつけない。警察署内という犯罪者を扱う部署において、少年にかくも簡単に逃げられてしまうというのは驚くべきことである。さらに驚くべきことに、帆高が働いていた編集プロダクションの夏美がバイクに乗ってそこに現れる。帆高はそのバイクの後ろに乗って、二人は逃げる。パトカーが追いかけてくるが、小回りが利くバイクには追い付けない。ここでも警察の追跡から逃げおおせる。水にはまって動けなくなったバイクを置いて、帆高は、鉄道の線路に出て、そこを駈け出す。後に残った夏美は「帆高、走れ」と声援を送る。帆高は「陽菜さん、陽菜さん、陽菜さん、陽菜さん」と心の中で叫びながら、ひたすら走る。廃ビルの屋上に行けば、彼岸の陽菜のところへ行けると信じて。ここで帆高の前向き行動力が全開になる。そして帆高の気分は高揚している。目標がより明確になり、そこを目指してひたすら走る。ここまでは警察が帆高の行動に対する障壁として全く機能していない。

しかし廃ビルでは大人たちが障壁として立ち現われる。

まず編集プロダクションで帆高を雇っていた須賀が、帆高を説得しようとする。「大人になれ」と言って。警察官も後からパトカーでやって来る。刑事が現れる。帆高は先に打ち捨てた拳銃を見つけ、それを手にして刑事たちを牽制する。須賀は、帆高の一途さに接して、一転して、彼の援助に回る。それでも追いかけてくる刑事に、児童相談所から抜け出してきた凪が、飛びかかって、行動を止めた。こうして警察を逃れた帆高が屋上へたどり着き、鳥居を潜った。気づくと空にいた。

ここでの帆高の行動をもう一度振り返ってみたい。帆高は陽菜のところへ行きたいと強く思い、警察署を脱走する。脱走できてしまうほど帆高の一念が強い。警察の追跡を振り切って、陽菜の名前を心の中で叫びながら走る。廃ビルに着いた時、須賀や警察の妨害がある。その妨害も簡単に逃れてしまう。逃れてしまうほど帆高の一念が強い。こうして屋上へ行き、鳥居を潜って、天に上った。強く陽菜のことを念じたので、その思いが通じた、ということになる。

この帆高の行動を単純化して示せば、動きのなかったところから動きはじめ、疾駆し、それ

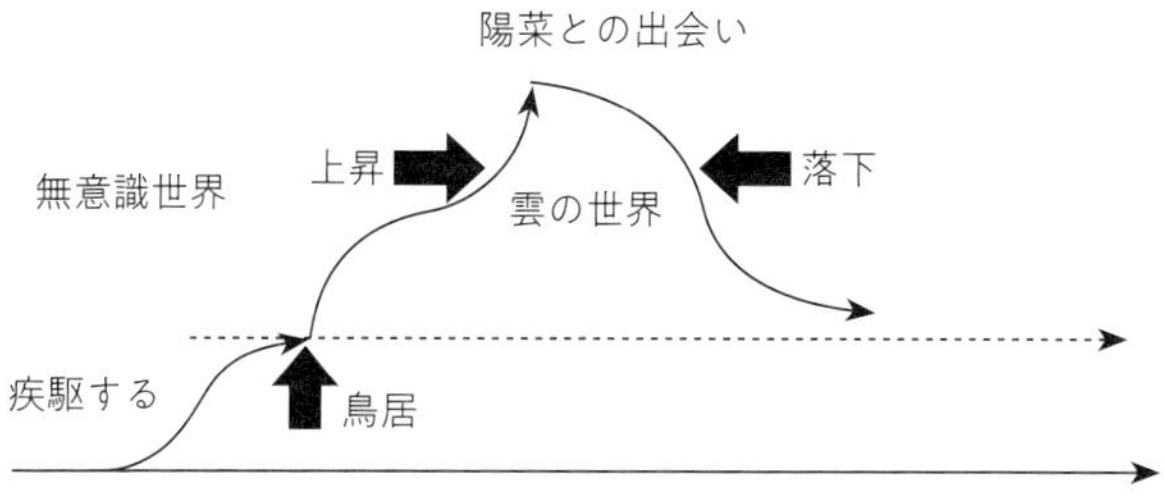

図9　帆高の過剰な前向き行動力

が止められそうになったが、結局天に飛躍したということになる（図9）。前著（横田、2017）において日本のアニメーションの動きは「鈍重－軽快」「自然－不自然」の二つの軸で記述でき、多くのアニメーションは鈍重から軽快の方向へと変化し、軽快さが妨げられると不自然なものに飛越すると説明した。帆高の示した行動はまさにその原理に一致する。すなわち鈍重だった帆高が、陽菜のところへ行こうと疾駆した。軽快な走りを示したが、警察の妨害に遭い、一時留められるが、結局天に飛越した。

陽菜は雲の世界に行ってしまったにもかかわらず、帆高はそこに行きついた。ラブホテルのベッドの上で、夢の中で、二人は同じ夢を見ていた。つまり無意識の世界で、二人は、心理的に、親しく結ばれていた。神と合一した女神の陽菜と帆高は心理的に結ばれていた。そのため広大な雲の世界で帆高は、いとも容易く、陽菜に再会する。陽菜は天気の心配をするが、帆高は狂った空でも陽菜といたいと自分の気持ちを伝える。それを聴いて晴れ晴れとした表情をする陽菜、その表情に嬉しくなる

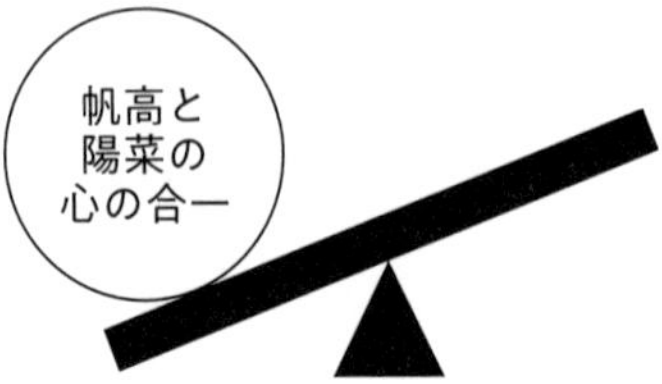

図10　帆高と陽菜の心の合一

帆高。こうして天気は再び雨となり、鳥居のところでは、帆高と陽菜が手をつないで倒れている。二人して倒れているのであるから、二人して無意識世界にいたことが暗示される。

陽菜が帆高の言ったことに嬉しくなるのは、他者の言葉を自分の言葉にしているということであろう。帆高の言葉が、陽菜の言葉になったということであるから、陽菜はあくまでも帆高の心と合一した状態で、帆高の心が陽菜の意志を代弁している。そこまで心が合一になることがアニメーションで描かれた。要するに図10で示したように、陽菜が神と合一しようとしていた図８の状態から、帆高と陽菜の心が一つになった状態に移行したのである。この心の合一した落下の瞬間において、現実は、全く関与していないので、現実に相当するものは図には示されていない。

4 葛藤の不在

さて、『天気の子』の特徴を一言で言い表すならば、一体何であろうか。

それは葛藤の不在である。

先に述べたように、帆高は家出少年である。しかしその理由は明らかではない。陽菜の部屋に警察が訪ねてきたとき、陽菜は帆高に家に帰るように勧めるが、帆高はそれに従わなかった。陽菜たちといることを選んだ。一方陽菜は、ほぼ一年前に母親を亡くしている。父親がいるかどうかは不明ながら、陽菜は弟の凪と二人だけで生活している。帆高と陽菜は、親の保護下にはいない。ではどのように生活しているのか、ということについては、語られない。陽菜のアパートの部屋は、清潔に保たれ、整理整頓が行き届いているので、彼女の生活が乱れているとは考えられない。つまり親が存在することによって生じる、思春期に生じやすい、親子の葛藤は完全に消去されている。親がいないことによって、思春期の子どもたちの伸びやかな心が描かれる。


　では社会との葛藤はどうなのであろうか。確かに帆高が東京に出てきた当時は、仕事が得られず困っているとは描かれたが、須賀の存在によってそれもすぐになくなった。解決すべき社会との葛藤は、するりとすり抜けられ、都会での生活が楽しそうに描かれた。さらには生活のために始めた天気を晴れにする仕事も、ＷＥＢを通してのやりとりであり、また実際に天気にすることができるために、申込者たちからは喜んでもらえている。ここには社会との間で葛藤が生ずることがない。

帆高と陽菜の前に大きく立ちはだかる障壁らしきものは警察である。しかしながらこれもそれほど大きな障壁ではない。なぜなら帆高は警察署をすぐに逃げ出すことができたからである。このことは帆高の視点から捉えることで理解できる。もともと現実社会からの乖離を体験している帆高にとって、警察での体験も同じ乖離した非現実感の伴った体験なのである。もう少し言えば、精神的に、正常状態から離れたところにいる（奇跡を目にし続ける程度に）。そうした精神状態の帆高には、警察での体験は、彼の願望によって簡単にすり抜けられるようなものに変質している。こうした意識の変容状態の中で、陽菜への思いだけが高揚し、目的化し、前向き行動力が露になる。前向き行動力は精神の高揚状態の表れなのである。精神が高揚した状態で、廃ビルに着いたとき、須賀や警察の手で、取り押さえられれば、その高揚感が沈められ、現実感が戻ったかもしれない。しかし再び須賀や警察の手を逃れてしまう。ここにも警察を抜け出たのと同じ精神的メカニズムが働いている。すなわち帆高の願望充足の願いである。屋上の鳥居のところに行かねば、という願いである。そしてその高揚状態が、現実と非現実の境を飛越させてしまう。陽菜のいる雲の世界に帆高は飛んで行くことができた。死の不条理ものの見事に乗り越えられてしまった。

統合失調症の発病状況をまとめた安永（1992）は、次のようにまとめている。

「発病に若干前駆して興奮、高揚、過剰努力、といったニュアンスの一時期を示していることの多いのは注目に値すると思う。この中にも二通りの場合があり、前者はいったんその過剰行動が（おそらく）挫折に終って、いくらか軽うつ的にさえみえる鎮静（しかし緊張？）期間をおいてあらためて発病につながる、という相をとるのであり、後者では、その興奮がほとんどそのまま直接して発病に移行する。」（一一四頁）

こうした安永の発病状況論に従えば、帆高は後者の例にあたるのではなかろうか。すなわち帆高は、興奮を伴った一念発起の過剰努力の直後に、発病に相当するような雲の世界（無意識世界）へ移行してしまった。

5　大丈夫

陽菜を助ける出来事から数年経って帆高は島の高校を卒業し、大学生となるために再び東京にやってくる。雨が続いている東京は、かなりの土地が水没してしまっている。陽菜に会うことを躊躇っていた帆高に、ビルの一角で事務所を構えるようになった須賀は、どうせ世界はもともと狂っているのだから気にするなと励まし、早く会いに行けと促す。陽菜の家に行く坂道を登って行くときに、帆高は、自分たちが確実に世界を変え、陽菜を選んだのだと実感する。坂の上で祈っている陽菜を目にして、声をかける。なぜとも知れず涙している帆高に大丈夫と陽菜は声をかける。帆高は「ぼくたちはきっと、大丈夫だ」と返す。

祈っている陽菜の神秘的な美しさは、エリアーデ（１９７３）の述べる光体験のあとの「存在論的な変化」を体現しているようであり、松田（２００６）の紹介する「開け」を得た状態とも見ることができる。光体験の後の一種の悟りを得た姿である。

さて、ここで語られているのは、帆高が陽菜と共に世界を変えたと確信し、陽菜と生きることを選んだということであり、その選択は「大丈夫」ということである。しかしこの展開をよく見てみよう。帆高は、アニメーションの出だしと同様に、家族についての情報は全くなく、高校生活をどのように送ったのかについてもほとんど語られない。必要ない情報ということなのであろうが、高校を卒業し大学生になるという節目の時に、大学進学について何も迷わずに東京に出てきているように見える。つまり数年間の時間経過の間に、何の成長もしていないかのように見える。帆高と出会った須賀は、仕事を拡大し、変化が見られているのときわめて対照的である。帆高が涙しているのに対し陽菜が大丈夫と問うのであり、それに対して「ぼくたちはきっと、大丈夫」と返している。

このやりとりも、彼らの最初の出会いと同様と思える。すなわち陽菜がハンバーガーを帆高に差し入れした時である。この時、陽菜の方から帆高に行動が起こっている。大丈夫という問いかけも、同様に、陽菜の方からである。もちろんこの時は、帆高が、陽菜の祈る姿に心を動かされたということがあるが、涙を流すほどの心の動揺を見せているのは帆高の方である。帆高は、出会いの時に、陽菜に保護的に働きかけられている。陽菜の働きかけを一般化し「ぼく

図11　二人だけの世界への閉じこもり

たちは」といっている。陽菜は帆高にあなたは大丈夫なのと聞いているると思うのだが、帆高はそれをぼくたちはと広げて答えている。陽菜の心を、帆高はよく理解していると思っているようなのであり、そのセリフは二人の心が一つに溶け合っているかのように感じさせる。

監督の新海誠（２０１９ａ）は、どのような終わりにするのか最後まで悩んだという。そして彼はこの結末は多くの人を怒らせるだろうと言っている。エンターテインメント作品として、多くの作品は世界との調和を取り戻して終わるのに、この作品は調和しないまま終わるので、これを受け入れられない人がいると考えてのことである。世界と調和することよりも、男女の心のつながりといった個人的なものを優先させている。

新海は、現代の観客に受け入れられるのは、このような物語であると感じ取っている。そしてそれが正しかったことは、おそらくこの作品が大ヒットしたことによって証明されている。つまり図11に示したように帆高と陽菜は再会することによって図10と全く同じ状態を呼び起こしており、ただそこにはわずかに現実がのぞいている（帆高の大学進学というような）。しかし帆高と陽菜のように男女の心の合一が現実より優位とアニメーションは語って終わる。

よく考えてみると、帆高も陽菜と同じ光体験を持っており、それゆえ雲の世界へ行けたのである。陽菜が女神ということであれば、同様に帆高も男神の特徴を備えている。そして女神と男神の心の合一が描かれているとみれば、神々の結婚を描いているともとれる。こうした神話的世界に触れて多くの観客が感動したということなのであろう。

6　現代人の心の様相

大ヒット作品であるということを考えれば、帆高、陽菜は現代の若者の象徴であろう。そこでもう少し、この二人について臨床心理学的に考えてみたい。

帆高が東京での顛末の後、故郷に戻ってどのように過ごしたのかについてはアニメーションでは全く触れられていない。しかし新海が小説化した『天気の子』（２０１９ｂ）では、故郷での帆高の生活状況が紹介されている。少し長いが引用してみよう。

「それは奇妙にしんとした年月だった。まるで海の底を歩いているように、地上から遠く隔たれているような気分のまま僕は日々を送った。誰かの語る言葉は僕にうまく届かなかったし、僕の言葉も、人々にはうまく届かないようだった。今までなにも考えずに出来ていたことが、自然には出来なくなってしまっていた。無意識に眠ることも、当たり前に食事をすることも、ただ歩くことさえも、僕にはなんだかうまく出来なかった。油断していると右手と右足を同時に出して歩いてしまいそうだった。実際に僕は道でつまずき、授業では質問された内容を忘れ、食事では箸《はし》を持ったまま止まってしまうようなことが何度もあった。それを人に指摘されるたびに、僕は意識してにっこりと笑顔を作り、『ごめん、ちょっとぼんやりしていただけだから』と穏やかに言った。誰かを心配させないように、安心してもらえるように、僕は出来うる限りきちんと生活を送るように努めた。それは掃除を進んでやるとか授業を真剣に聞くとか人付き合いから逃げないとか、まるで言いつけを守る小学生のような所作に過ぎなかったけれど、いつの間にか成績は上がり、友人は増えていった。」（二七五―二七六頁）

この文章に書かれている状態には、中安ら（２０１７）の初期統合失調症の症状と思われるものが含まれている。「まるで海の底を歩いているように、地上から遠く隔たれているような」というのは離人症、「無意識に眠ることも、当たり前に食事することも、ただ歩くことさえも、僕にはなんだかうまく出来なかった。油断していると右手と右足を同時に出して歩いてしまいそうだった」というのは行動プログラミングの障害、「授業では質問された内容を忘れ」というのは即時理解ないし即時判断の障害、「食事では箸を持ったまま止まってしまう」というのは心的空白体験に相当するように思われ、「僕は意識してにっこりと笑顔を作り、『ごめん、ちょっとぼんやりしていただけだから』と穏やかに言った。誰かを心配させないように、安心してもらえるように、僕は出来うる限りきちんと生活を送るように努めた。それは掃除を進んでやるとか授業を真剣に聞くとか人付き合いから逃げないとか、まるで言いつけを守る小学生のような所作に過ぎなかったけれど」というところは自己内実不分明感に相当すると思われる。

こうした初期統合失調症症状は、帆高が陽菜に会いに行くために前向き行動力を発揮し、陽菜を取り戻してから出現したものであった。

さて帆高について引用を続けよう。上記の文章の後に次のような文章がある。

「夜、濡れた窓ガラスの向こうに、朝、灰色の海の向こうに、僕は彼女の気配を求め続けた。雨音の中に、あの夜の遠い太鼓を探し続けた。」（二七六頁）

この文章が意味しているのは、帆高が、16歳の彼が体験したことを二年半たってもなお同じように求め続けているということである。思春期の心理は、成人に向けて大きく変化する時期であると思われるが、帆高の心理は、16歳当時の心理に停滞している。そして帆高は陽菜に出会う直前に「違った、そうじゃなかった。世界は最初から狂っていたわけじゃない。あの夏、あの空の上で、僕は選んだんだ。青空よりも陽菜さんを。大勢のしあわせよりも陽菜さんの命を。そして僕たちは願ったんだ。世界がどんなかたちだろうともそんなことは関係なく、ただ、ともに生きていくことを。」（二九〇－二九一頁）と思う。

世界を変えた、という思いは、誇大的であり、妄想と見ることもできる。先の流れから考えれば、初期統合失調症から統合失調症の急性期に移行したのであろう。臨床心理学的に見れば、統合失調症の発症過程を小説が描いている。こうした小説を一般の読者が受け入れていること
を考えると、初期統合失調症症状に合致したような心の状態が、現代人には親和的なのであろう。ただ注意すべき点は、松田（２００６）が述べたように、帆高と陽菜の体験したのはヌミノース体験と呼ばれるものであり、エリアーデの紹介する神秘体験でもあるということである。初期統合失調症症状と親和的であるというよりは神秘体験との親和性があるともいえるのであり、先述のように神話的世界を現出させているともとれる。

ところで陽菜は、天気の子と象徴される。天気は地球を覆うものであり、雨が降り続き、その雨をもたらす雲の上で、水のような状態になっていった陽菜は、水として、地球を覆う象徴でもあろう。そうした水の象徴は、ユング（１９９２）によれば、大いなる母親である。大いなる母親という無意識の働きに取り込まれた陽菜が現実に戻るには、そうした無意識の働きを現実の陽菜の意識が前向きに取り込み、生きる決意をする必要があるだろう。無意識を意識化する必要があり、それは成長のためのエネルギーになり、成人期に向けての変化を促すはずである。

14歳の陽菜は、帆高にハンバーガーを食べさせ、訪ねてきた彼に昼食を作る。食事を与える、という行為も母親のものである。凪は、年上の帆高に恋愛指南をし、帆高に陽菜の誕生日プレゼントを何にするかを教示している。凪と帆高の間で立場が逆転している。どちらかというと凪が年上の役割を演じている。それだけ帆高の心の発達が遅れている。陽菜と凪が、帆高にと

って、両親の代理になっている。そして帆高が願ったのは、そうした陽菜との元の関係を取り戻すことであった。陽菜も思春期にあり、成人期に向けて大きな変化を求める時代にあるはずである。しかしそうした二人は、今現在の、美しく見える、心の合一した関係を、永遠に維持できると信じているかのようである。そうした信念は、永遠不変（変化しないで今を維持すること）を念じるもので、二人だけの心の合一した世界へのあこがれがあるということでもあろう。

ここで唐突ではあるが、ニーチェ（1993）がツァラトゥストラに語らせている言葉を見てみたい。それは、

「男の幸福はつまるところ、われ欲す、ということだ。女の幸福はつまるところ、彼は欲す、ということだ。」（一二〇頁）

というものである。アニメーションでは帆高は「われ欲す」と前向き行動力を示し、陽菜は「彼は欲す」ということを自分の喜びにしていた。この関係を純粋に抽出して見せたのが、帆高と陽菜の心の合一した状態だった。帆高が「ぼくたちはきっと、大丈夫」ということは、彼が言うことを自分のことのように受け止める陽菜があって、成り立っていたのである。

では、こうした帆高と陽菜の心が合一した状態に留まり続けたらどうなるであろうか。

ユング（1992）は、

「生きていようと思うなら、戦わねばならない、自分に定められた高みへ達するために、背後への憧憬は犠牲にしなくてはならない。そして最高の正午の高さに達したときには、みずからの固有の高みへの愛さえも犠牲にしなくてはならない。留まるということはあってはならないからである。」（一五〇頁）

と述べている。ユングは、厳しく心が停滞することを諌めている。それは心が停滞することは精神病の危険性を伴うからである。帆高と陽菜が心の健康を保つためには、願望充足の、心の合一状態に留まっていてはならない。変化を受け入れ、生きるために、現実社会と闘わなければならないのである。神話的世界に留まり続けることは、現実世界から離れ病的世界に陥る危険性を持つからである。

【第2章　引用文献】

エリアーデ・M　（宮治昭訳）　1973　神秘的な光の体験　エリアーデ著作集第6巻悪魔と両性具有　pp.17-101　せりか書房
ユング・C・G　（野村美紀子訳）　1992　変容の象徴―精神分裂病の前駆症状（下）―　筑摩書房
松田真理子　2006　統合失調症者のヌミノース体験―臨床心理学的アプローチ―　創元社
中安信夫・関由賀子・針間博彦　2017　初期統合失調症　新版　星和書店
ニーチェ・F　（吉沢伝三郎訳）　1993　ニーチェ全集9　ツァラトゥストラ（上）　筑摩書房
澤光邦　2001　ガラスの壁―分裂病になった俺―　晩聲社

新海誠　２０１９a　Staff Interview　新海誠、東宝・コミックス・ウェーブ・フィルム（監修）、角川書店（編）
新海誠監督作品天気の子公式ビジュアルガイド　角川書店
新海誠　２０１９b　小説天気の子　KADOKAWA
安永浩　１９９２　安永浩著作集１ファントム空間論―分裂病の論理学的精神病理―　金剛出版
横田正夫　２０１７　大ヒットアニメで語る心理学―「感情の谷」から解き明かす日本アニメの特質―　新曜社

第3章　今敏『千年女優』

『千年女優』は、今敏監督の長編第2作目として2002年に公開され、ヒットした。これまで今監督作品については折に触れて紹介してきている（横田、2002、2003：Yokota, 2004：横田、2006a、2006b、2012）。にもかかわらず『千年女優』をここで取り上げたいと思ったのには理由がある。

これまで『風立ちぬ』と『天気の子』という最近のヒット作を検討してきた。『風立ちぬ』の主人公の二郎は飛行機作りに動機づけられ、それを目的に行動していた。『天気の子』の主人公は天気を操る女の子に魅せられ、その子を助けるために行動した。

この両者に共通しているのは、主人公たちが、いずれも現実の地平から、夢や空の世界といった、別の次元の世界に入り込むことである。『風立ちぬ』では二郎がカプローニの夢の中に入り込み、それは二郎の夢でもあると描かれていた。二人に共通する夢世界があった。無意識レベルで、異なる個性が、同じ無意識の中の空間で出合うのである。

『天気の子』においても同様なことが描かれていた。『天気の子』では、第2章では触れなかったが、陽菜が空に昇ってゆくのを帆高ばかりでなく他の人々も同時に同じ夢の中で見ていたと描かれていた。夢の体験が多くの人々の共有するものであった。これは一つの夢を人々が共有している共同無意識とでもいうべき体験である。いずれにしても無意識での体験が複数の者の間で共有されていた。

こうした無意識体験の共有に相当するものを最初に描いていたのが、今敏監督の『千年女優』ではないかと思う。その意味では現代のヒット作の先駆作品といえる。

どのように無意識が共有されたのかというと、主人公の藤原千代子（75歳）の語りの中に他者が入り込んで、千代子と他者が物語を進展させるという形をとることによってである。その他者に当たるのが、引退した女優のドキュメンタリーを制作しようとしてインタビューをする立花源也（65歳）であった。立花は、千代子の語りの中で、苦境に陥った千代子を救う役として立ち現われる。千代子の語りの中に、インタビューしていたはずの立花が、いつの間にか入り込んでいる。そしてそのことに語り手の千代子は少しも違和感を持たない。千代子の語りであるので、それは千代子の極めて意識的な作業であるはずであり、その意味では自我は明確で、主人公は揺らぐはずはないのであるが、『千年女優』ではそうではない。立花の闖入《ちんにゅう》によって、話がどんどん別様に展開してしまうのであるから、千代子の自我は、立花の自我に引きずられてしまっている。それほど千代子の自我境界が緩くなっており、千代子の心の中への立花の侵入が容易に起こる。それは『風立ちぬ』でカプローニの夢の中に二郎が入り込んでゆくのに似ている。

『千年女優』のもう一つの特徴は、藤原千代子の年代記が描かれていることにある。この点は『風立ちぬ』や『天気の子』と比べてみても明瞭である。『風立ちぬ』では少年の二郎、大学生の二郎、職業人としての二郎が描かれるが、いずれの二郎も全く同じ個体、同じ性格の人であり、小学生のころから心理的に成長発展しているようには思われず、少年の二郎がそのまま成人になっているようである。作品のどこをとっても、金太郎飴のように同じ二郎が登場する。『天気の子』は『風立ちぬ』よりも思春期の男女を描いており、三年ほど経過するが、その間にやはり心理的に成長し、変化したようには描かれていない。元のままの男女が再会するかのようである。

それに対し『千年女優』では年齢と共に人とのかかわり方に変化が生じてくる。老いの影響も入り込んでくる。しかし注意すべき点は、千代子の年代記になっているとはいえ、千代子の個人史をそのまま正確になぞったというわけではなく、そこには立花の存在があり、立花の語りを組み込んで成り立っていることである。

そうした中で、ここで取り上げた三作品に共通しているものは何かと言えば、それは主人公の前向き行動力である。

1　千代子の感情の谷

主人公の前向き行動力が特徴的であると述べたが、『千年女優』の主人公の千代子のそれは、75歳の彼女の語りの中でみられたことであった。その語りが、立花の存在によって、ドキュメンタリーのような色彩を帯び、本来主観的な語りが、第三者の目を通した客観的な物語のような体裁をとるように作られている。このアニメーションの構造的特徴が、今敏監督のアニメーションの特徴である。この点に関し、音楽を担当している平沢（２０１１）が興味深い発言をしているので引用してみたい。

「今さんの監督としてのすごさは、アニメーションでもなければ実写でもないというような捉え方ができるリアリティを映画で初めて構築したことじゃないかと思います。アニメのリアリティというのは、受け手の内面を投影するような意味で、受け手がある程度補足していると思うんですけど、その受け手に補足させつつ、なおかつより実写から受けるリアリティに近いものを、ひとつのシーンの中に持たせてあるんです。」（四一六頁）

この平沢の発言を『千年女優』に当てはめて考えれば、本来主観的な千代子の語りに、立花というドキュメンタリーを撮る目的を持った他者を立ち会わせ、さらに井田恭二（27歳）というカメラマンをも立ち会わせ、リアリティを確保しているということになろう。

　ドキュメンタリーを撮影する井田は、千代子の語りの中で常にカメラを抱えている。しかも井田は若者らしく立花の振る舞いに冷笑的に対応する。立花という第三者の視点ばかりでなく、冷笑的な井田の視点を設定し、さらには全体を客観視するカメラの視点をも導入している。このようなことによって、千代子の語りのリアリティを、外部カメラの撮影機能が補償する構造ができ上がる。カメラで撮影できるものは、その撮影しているカメラの存在によって、何が起ころうとも繋がってしまう。

　ではまずはアニメーションのはじまりについて見てみたい。

　銀映のスターであった千代子のドキュメンタリーを作る計画を立てている立花が、千代子の出演のビデオを編集している時に、地震が起こる。

　立花が見ていたのは、千代子が宇宙飛行士になってロケットに乗り込むところであった。ロケットに乗り込むのを止めようとしている宇宙飛行士に対し、千代子は「約束したのよ、必ず逢いに行くって」と言い切ってロケットに乗り込む。止めようとしていた男は「行けば二度と戻って来れないんだぞ！」と千代子に向かって言うのだが、千代子は振り返って男の方を向くがそのままロケットに乗り込む。ロケットの操縦席に乗り込んでいる千代子の姿になる。何度も見ているシーンなのであろう、立花は、セリフを画面と同期して口にしていた。

　操縦席の千代子の画面になった時、先述のように、地震が生じたのであった。

　カメラマンの井田が編集室に顔を出し、立花に取材の準備ができたことを知らせる。立花は部屋を出る際に、ビデオモニターを操作する。ビデオ画面では、千代子の映像が、次々と巻き戻されていく。それは後になってわかるが、最後の千代子の出演映画から遡って千代子が現れてきていたのである。これに『千年女優』のタイトルが被さる。

ビデオの巻き戻しが、この後の千代子の年代記の振り返りが描かれることを暗示している。そして『千年女優』の千年は、千代子が演じている役の時代背景が、戦国時代から宇宙旅行へ出かけるまでの期間ということを示していた。

実は、先ほど立花が見ていた宇宙船の出発シーンは、千代子の年代記が途絶えたところであった。この時を境に千代子は映画界を引退し、これ以来、外部との関係を絶ってしまったのである。しかしそれにもかかわらず千代子は、立花の持っていた鍵のために、インタビューを引き受けることを決断した。この鍵こそが、彼女が30年間世間から引きこもるきっかけを作ったものなのである。

世間から引きこもるということは、「感情の谷」に落ち込んだことに等しい。前著（横田、２０１７）では「感情の谷」について、激情の後に無意識世界に落ち込み、そこへ外部からの援助者がやって来て、現実に引き戻されて英雄になる主人公を語る一つのパターンとして紹介した。ここでの千代子は無意識世界に落ち込んでいるわけではないが、外界から隔絶して生活しているのであるから、状況的には「感情の谷」に落ち込んで、その谷底に停滞しているのに等しい。そして外部からの援助者が立花であり、立花がインタビューすることによって、過去に体験した前向き行動力が活性化する。こうしたプロセスは、感情の谷がここにも当てはまることを示している。

では、千代子が感情の谷に落ち込む激情とはどのようなものであったのか。その場面とは、立花が最初に見ていた千代子がロケットに乗り込むまさにその場面であった。

千代子がロケットに乗り込むのを止めようとしているのは、この時は、インタビューしていた立花である。ロケットに乗り込んだ千代子の姿は、大切なものを開ける鍵を手にし、千代子が映画界に入るきっかけを作った鍵の君を追いかける意欲に満ちている。ゴゴゴと音がしてロケットが発進すると思いきや、映画のセットになり、ロケットのセットに乗った千代子が、地震に激しくゆすられている。

千代子は、セットから降りようとして、落下してしまう。その時、千代子の鍵が飛んで、どこかへ行ってしまう。

若き日、銀映のスタッフだった青年の立花は、千代子の上に覆いかぶさり、落下するセットから身を挺して千代子を守る。瓦礫に埋まってしまった二人が、周囲のスタッフによって助け出される。

ヘルメットを脱いだ千代子は、ヘルメットに老婆の姿が映るのを目にする。恐懼した千代子はヘルメット投げつけ、そのまま走り去ってしまう。

立花は瓦礫の下にあった鍵を手にして、立ち上がる。

この場面のあと千代子は映画界を去ったのである。

しかしこのことを考えてみると不思議と思えるのは、立花が最初に見ていた宇宙飛行士の千代子である。この千代子の主演映画は、彼女が映画界を去ったとすれば完成しなかったのではないかと思われる。それならば編集室で立花が見ていたビデオはいったいどこから得られたのであろうか。不思議なことである。

千代子が走り去ったのを見送る立花に対し、他のスタッフが、彼が千代子に何かやったのかと疑いの声をかける。それは立花自身の思いでもあろう。千代子が去ってゆく原因として立花自身の振る舞いがあったのではないか、といった一種の罪責感が残ったのではなかろうか。

千代子はこの時大事な鍵を失った。その鍵は立花の手に残った。このことは千代子にとって後述する鍵の君を追いかけるという、鍵が持っていた象徴的な意味が失われたことを意味している。追いかけるという前向き行動力が無くなったのであるから、千代子の役者としての死をも意味していよう。鍵が生きる象徴であるとすれば、ここで千代子は象徴的な死を体験したことになる。この時千代子は45歳であった。つまり45歳の年齢で千代子は死をイメージし、それにショックを受けたのである。

心理学者のクロガー（２００５）は、千代子の年代に新しく湧き上がってくるテーマに自分の死があることを述べている。そして残された時間の過ごし方に意識が向かい、社会に貢献することを意識するのである。

しかし千代子はそうした意識を持たず、社会から自己を隔絶してしまった。社会への貢献は、心理学者エリクソンの言うこの年代の発達課題の「世代性対停滞」といったテーマのうちの世代性に対応する。その失敗の形態である停滞の状態に落ち込んだのが千代子であった。

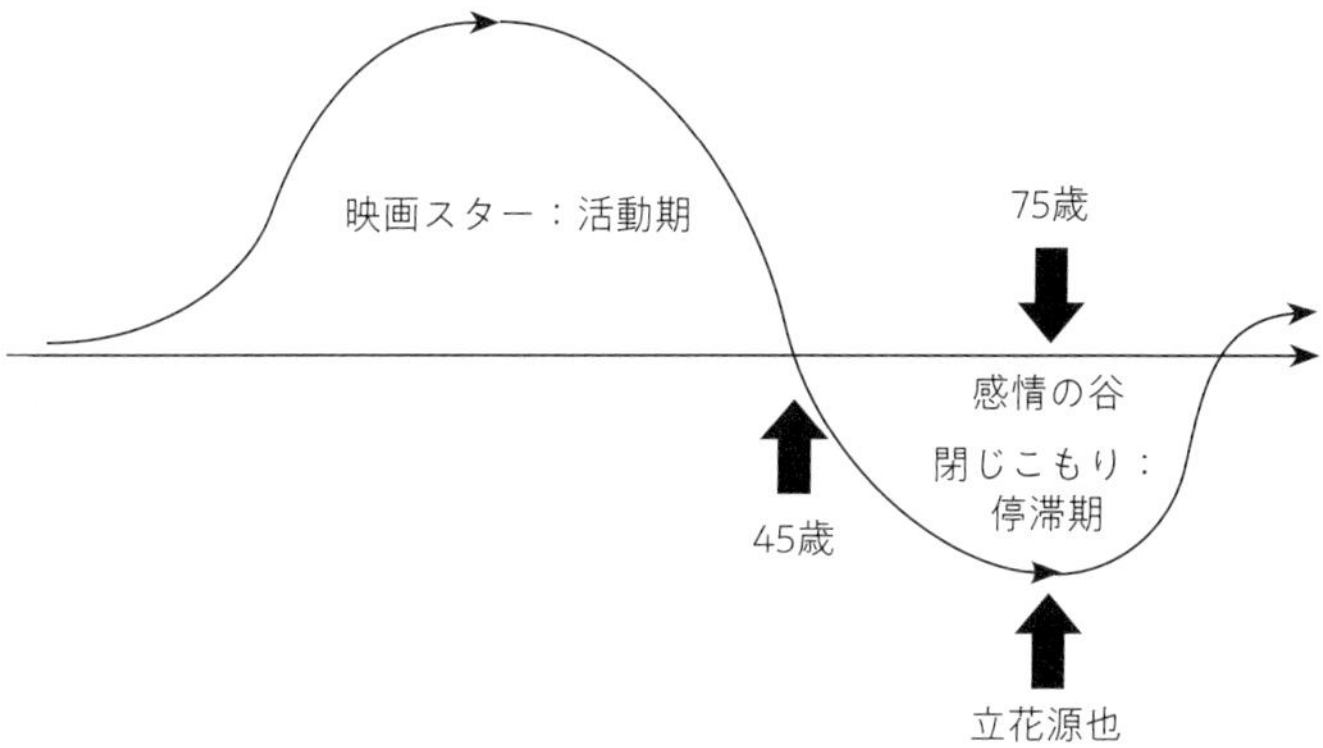

図12　藤原千代子のライフサイクル

ここでエリクソン（１９７３）の「世代性対停滞」について説明した方が理解しやすいと思うので、引用してみたい。引用では世代性の代わりに生殖性の用語が使用されているが同じことである。

「生殖性とは、まず第一に次の世代の確立と指導に対する興味・関心のことである。ここで最も重要なことは、次のような認識を深めることである。すなわち、生殖性は健康なパーソナリティの成長の一段階であり、もしこのような繁栄が全面的に失敗すると、生殖性から偽りの親密さへの強迫的な要求への退行がおこるが、しばしばそれは、停滞の感覚の浸透と人間関係の貧困化を伴う。生殖性が発達しない人物は、しばしば、自分本位になって、まるで子どもみたいに自分自身のことばかり考えるようになる。」（一二二頁）

つまり千代子は、彼女の年代の発達課題の世代性を達成することに失敗し、停滞の状態に陥ってしまった。

その際に、千代子が目にしたのは、老婆の幻影であることから、無為に老いてきてしまったという悔恨と、もう若くはないといった自覚、そしてクロガーのいうように死のイメージがあったと思われる。こうして社会から離れ、停滞してしまって、「感情の谷」に落ち込んだのである。それを図示したのが図12の45歳から右側の部分の谷の部分に示した「閉じこもり：停滞期」である。

この谷底の状態にあった千代子が、立花の来訪をきっかけとして、過去の前向き行動力の時代を回想したというのが物語となっている。

2　今敏の漫画『太陽の彼方』（初出1988）

ここで論を進める前に、老人の登場する今敏の漫画を紹介したい。『太陽の彼方』（初出1988）という作品である。今敏の漫画は、全て出版されているので、今では手軽に読むことができる。『太陽の彼方』も『夢の化石　今敏全短編』（今、2011）に収められている。今敏は1963年生まれなので、25歳の時の作品ということになる。

この作品では、病院に入院中で、ベッドに横になっている老婆が登場する。看護師が、新病棟にベッドを移動させようとして、病棟の外に出た時に、上司の看護師に呼び止められ、ベッドにストッパーをかけて上司のもとに行くが、そのストッパーが自然に外れてしまう。そしてベッドは坂を転がり始めて、病院の外に出てゆく。看護師は気づいて追いかけるが、ベッドはどんどん加速し、果ては道路から飛び出し、人の家の屋根から食事中の家族の真ん中に落下し、そのまま家を飛び出し、さらに道路を突進し、櫓を組んで夏祭りの準備中の広場に飛び込み、櫓を壊しながら突進を続け、道の曲がり角もうまくカーブしてすり抜け、海岸にたどり着く。看護師をはじめ、途中で被害に遭った家族、櫓の周囲の人々など、ベッドを追いかける人がどんどん増えてゆく。海岸まで来たとき人々は唖然とする。ベッドの上で立ち上がり、サーファー気取りで、ベッドで波乗りしている老婆を見たからである。

こうした短編である。注目すべきは、ベッドは自然に動き始め、どんどん加速してゆくということである。そしてベッド上の老婆の表情が時折挿入される。最初老婆はベッド上で寝ている。それが目覚めて驚き、あまりの状況の変化に呆然としているが、ベッドの向きを変えるために老婆が道端のポールつかむなどして、徐々に元気になってゆく。そして海が見えた時に「生きているうちに海が見られるなんて」と言いながら手を合わせて拝み、そしてさらにワクワクし始めて、満面の笑みを浮かべる。そしてラストではベッド上で嬉しくて仕方がないといったように「らいどおん！」と言いながら波乗りをしている。

老婆の表情の変化を見ると、ベッド上で、スピードが上がり、周囲での混乱が増してゆくにつれて楽しくなっていることが理解される。ベッドの疾走感が、快感になっている。これと同じことが『千年女優』の千代子にも起こっていると思われる。千代子の場合には、ベッドという乗り物に乗って疾走する代わりに、彼女自身が疾走するのではあるが。

話を『千年女優』に戻そう。

千代子が語り始めたのは、彼女の誕生の時からである。関東大震災で被災した実家の前で、写真に写っている赤子の千代子から、千代子の成長の過程が点描され、16歳になった千代子が銀映にスカウトされたことが描かれる。母親と一緒に千代子が銀映の専務の前で椅子に座っている。なんと立花と井田もその席に同席している。千代子の語りによって再現された場面を、立花と井田が、その場にいて記録しているかのようである。これ以降、立花と井田は、千代子の語りに添った展開に、ドキュメンタリーを作る記録者として立ち会うかのように登場し続ける。

さて16歳の千代子の、映画界に入ることを動機づけたのは、警察に追われていたのを助けた青年（鍵の君）から満州へ渡るという話を聞いており、その青年が大切なものを開ける鍵と言っていた当の鍵を残して消えてしまったことと、映画の製作が満州で行われるということを聞いたからであった。しかも現実の話をしているようにみえて、いつの間にか映画の一場面の話になっているといったように、千代子の語りは、現実と映画の場面を自由に往来する。それは千代子にとってどちらもリアリティのある体験だからなのであろうし、千代子の話を聞いている立花が、その話に共感を示していることと井田がその場面を撮影しているという様子が描かれているがために、何の違和感もなく一続きの話として成り立っている。

千代子の語りの飛躍を、立花と井田の存在が、一続きのものとしてつなげる役割を担っている。千代子の話が断片的なものであっても、立花と井田の存在があることで、千代子の話を連続的なものにしているのである。

図13　千代子の語りの世界における立花と井田の存在

このことを示すと図13のようになろう。

千代子が満州へ向かう船の上でのエピソード、満州での撮影のエピソード、撮影所から出奔し満鉄が馬賊に襲われるエピソード、そして戦国時代のエピソードといったように脈絡がないようにみえるエピソードの連続であっても、そのいずれにも立花と井田が付き従うのである。そして戦国時代のエピソードでは、立花が、戦国武者の姿となり、長門守源衛門と名乗って登場し、千代子を焼け落ちる城から助け出してしまう。

立花は、千代子の語りの聞き手から、話を一緒に作り出してゆく共同制作者になってしまった。宇宙船に乗り込もうとする千代子を止めようとしている男が立花だったのも、千代子の語りの中でのことであったからである。

さて、現実場面での千代子は、長門守と馬に乗って並走する話の流れに一致して、腰を浮かし馬に乗っているような仕草をしている。こうした千代子の姿は、『太陽の彼方』の老婆がベッドの上で波に乗っている姿に重なる。漫画の老婆は、ベッドが、坂道を転がるといった不可抗力の結果、海にまで行きつき、波乗りを体験して楽しくなってしまったのであるが、アニメーションの千代子は鍵の君を追うことで映画界に入り、その君を追いかけて疾走するように仕事をして、いつしかそれを楽しんでいた。75歳の千代子はそのころの楽しんでいた自分を再現するかのように、馬に乗って疾駆する様子を、現実にしてみせていた。

千代子は、鍵の君を追うという理由はどこかへ置き忘れ、映画界の中で疾走することをいつしか楽しんでいたのである。

そのことを図12では「映画スター：活動期」という曲線で示した。老婆が、ベッドが坂を転げ落ちていく状況を、楽しんでしまったように。老婆のベッドに相当するのが千代子にとっては鍵の君である。つまり鍵の君は、老婆のベッドと同様に、千代子を乗せて運ぶ象徴的な媒体にすぎないのである。

3　ライフ・レビュー

千代子は立花と井田に主演作と個人的なエピソードを語り継いで、宇宙へ行こうとするシーンを撮影している最中に地震に遭い、若くないとの自覚もあって引退してしまった。この撮影のシーンで、千代子の身体を、身を挺してかばっていたのが若いころの立花であった。そして千代子は目の前の立花が、まさにその命の恩人だったことにここで気づく。

これまでの千代子は、鍵の君を追いかけるということのみを語っていたのであり、その意味では自己中心的な語りであった。エリクソンの発達課題の失敗において自己中心性が高まっていたとみることができる。

しかし自己中心性の語りの中に立花が入り込んでいたのである。しかも、立花に命を助けられたことを気づいたのであるから、千代子の自己中心性が変化する。千代子は目の前の現実に正面から向き合ったことになる。

立花は、千代子が突然に姿を隠してしまった理由がわからず、それを問う。沈黙したままの千代子。立花の問いによって過去の自分に直面化させられた。直面化させられたことによって、千代子は過去の発達課題の失敗を再吟味させられた。つまり他者の視点から自己の過去を捉え直す機会が与えられたのである。

千代子がお手伝いの美濃から風呂敷包みを受け取る。その包みの中は、第二次世界大戦後、千代子の自宅の蔵の壁に鍵の君が描いた千代子の肖像画を剥がして額装したものであった。もう二度と見ることがないと思っていたと呟く千代子が目にしていたのは、肖像画の傍らの「いつかきっと」の文字である。千代子は「会いに行こうと決めたのに」と呟く。立花は「それなのになぜ」と問いかける。

自己の内面を覗き込むように千代子は、事故の時、自分がもう若くないと気づいたというのである。鍵の君に老いた姿を見られたくない、と思ったのである。

図13に示したように千代子のシーソーは、現実よりは、映画の世界の方が優位であった。千代子は映画の中に人生を生きてきた。そうした映画の中でもう生きられるほど若くないと実感したことになる。

全てを語り終えた千代子は、その体験も、すべて自身の一連の物語として成り立っていることを受け入れたかのようである。その意味では千代子が行ったのは、自分の人生全体を振り返る「ライフ・レビュー」とみることができる。「ライフ・レビュー」は、アイデンティティを統合する良い方法であるとされている。

クロガー（２００５）は次のように述べている。

「アイデンティティを最もよい形で統合する際のライフ・レビューの重要性は、成人後期に関する多くの実験的研究の主題であった。『統合対絶望』の課題には、自分の人生を回想する時間をかなり必要とする。」（一六四頁）

つまり千代子は成人後期の課題である「統合対絶望」について、ライフ・レビューを立花と共に成し遂げることで、過去の出来事で、受け入れ難かったものをも自分の個人史の中に位置づけることができた。このことは老年期の千代子が、アイデンティティを再確立し、統合したことを意味している。

アイデンティティの確立についてエリクソン（１９７３）は次のように述べている。

「そもそも、一つの人格的な同一性 personal identityをもっているという意識的な感情 conscious feeling は、同時に行なわれる二つの観察に基づいている。つまりそれは、時間的な自分の自己同一 self-samenessと連続性 continuityの直接的な知覚と、他者が自己の同一と連続性を認知しているという事実の同時的な知覚である。私が提示する自我同一性とは、この人格的な同一性によって伝えられるような、ただ単に存在するという事実以上のものであって、むしろこの存在の自我性質 ego quality に関する概念である。」（一〇頁）

引用している文章の自我同一性はアイデンティティと同義であるので、アイデンティティの確立のためには時間的な自分の同一性と連続しているという意識が必要であり、またそれを他者が知覚していることも必要である。

千代子が語っていることは、彼女の受け入れ難かった老いの自覚も、立花の質問によって、自己の連続性の中に位置づけられた。立花がここの場面に立ち会っているのであるから、他者の視点から見ても千代子のアイデンティティは確立しているとみることができる。つまり感情の谷に落ち込み停滞状態にあった千代子が、自己のライフ・サイクルを語り終えた時、自己の全体を受け入れられ、全てを統合した状態に至ったということである。この時には感情の谷を脱していたことになる。

4　現実への回帰

感情の谷を脱すると即座に現実的な出来事が千代子に起こってくる。

絵を見ていた千代子の顔が苦しみに歪み、姿勢が崩れてゆく。それと同期して地震が再び起こる。立花が素早く動き、千代子の身体を庇い、落下してきた木枠を身体に受ける。千代子は再び立花に助けられた。立花は千代子の身体を支えているが、彼女が手にしていた額は落下し、額のガラスが割れてしまう。千代子を呼ぶ声がして暗転する。

救急車の音が聞こえる。千代子は、気づくと、病院のベッドで酸素マスクをしている。

千代子は立花によって現実の中で保護される人になり、他者との関係が現実の中に存在するようになった。

病院に見舞いにきた立花は、千代子に、きっと良くなると言うが、千代子は嘘が下手ね、と流してしまう。彼女の手には鍵があり、鍵の君の思い出を再生できたことに感謝し、お別れねと閉眼する。その千代子は、宇宙ヘルメットをかぶった姿に重なる。ロケットは発進し、月面から宇宙に向かって飛んでゆく。千代子のアップになって、「だって私……あの人を追いかけている私が好きなんだもの」と呟く。こうしてロケットは光のトンネルの中に直進してゆく。

この光のトンネルの中での千代子は若い姿のままである。死を一つの移行と考える描き方は、ユング（1979）の指摘することと共通性がある。引用してみたい。

「もし、われわれが、死はひとつの過渡であるにすぎない、いかに大きく長いか測り知れない生の過渡の一部にすぎないということを考えてみることができるならば、それはまさに魂の医師の立場から見て喜ばしいことである。」（五四頁）

ロケットに乗って喜びに包まれている千代子は、生から死への移行（過渡）すらも疾走することの喜びの一つとして体験している。『太陽の彼方』の老婆が「らいどおん！」と言って喜んでいたのと同じである。

光のトンネルは臨死体験で報告されることが多い（横田、２０１７）。千代子がロケットで光のトンネルに入り込んでゆくのは、彼女の臨死体験を示している。

しかし千代子は死を恐れていない。追いかけることが楽しくて仕方がない。千代子は、追いかけている千代子自身が好きだった。千代子の年代記が語っていることから一貫して千代子は、疾走する自分自身が好きだったのである。

さてここで注目すべき点は、千代子は立花と共作した語りの世界が現実より重くなっている状態（図13参照）から、現実が重くなる状態にシーソーが変化していることである。千代子は現実に回帰しているのである。自身の肖像画が壊れるということも、象徴的に鍵の君への囚われからの解放を意味していよう。

5　世代を越えて

さて、千代子は立花と話をすることによって、立花の視点から自己を見ることができるようになったと紹介した。しかしこのことは立花にも同様に起こってきているのではなかろうか。

もともと立花は千代子のドキュメンタリーを撮ろうと考えていた。先に紹介したように、立花が見ていたのは、千代子が宇宙に出かけようとするシーンであり、そのシーンでの台詞のやりとりを立花はそのまま再現できていた。

しかし、このシーンは映画として完成しなかったかもしれないことはすでに指摘した。もしそうだとすれば、立花がこの場面で台詞を空で言えるようになっていることは、立花が空想世界で幾度もこのシーンを思い描いていたことを示している。しかも若いころの立花は銀映のスタッフで、千代子が宇宙へ向かうシーンにスタッフとして働いていたのであり、千代子が映画界を去ることになった際に、千代子の身体を、身を挺して、助けたのであった。この経緯についてもすでに触れた。つまり立花にとっても、宇宙に出かけるという千代子のシーンで、彼のライフ・サイクルの一面が停滞していたとみることもできる。

立花の場合、社会人として働き続けているので、隠棲してしまった千代子と同じような停滞というわけではない。しかし、それでも千代子が映画界から引きこもってしまった理由を知りたいと思ってドキュメンタリー制作をしているので、そこには千代子の隠棲についての拘りがあり、その過去に心の一面が囚われ続けていることになる。

つまり、千代子の隠棲の原因を立花が作ってしまったのではという罪責感があったと思われる。その立花は、千代子との語りの中で、千代子の語る世界に入り込んで、例えば、長門守源衛門になりきっていた。語りの世界が千代子と立花の共同制作の空想物語となっていた（図14参照）。

また先に紹介した平沢（２０１１）の発言は、リアリティに関してのものであったが、今敏

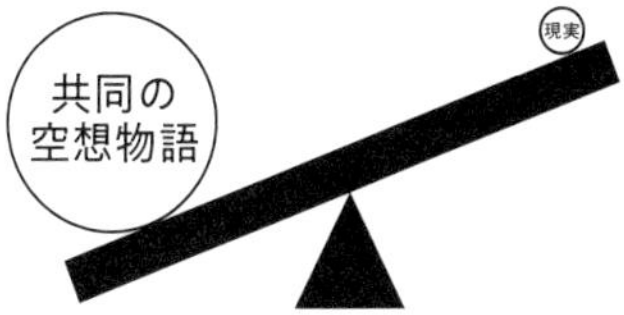

図14　千代子と立花の共同制作の空想物語

監督の描くものは、現実にあったことではなく、千代子や立花がそこにのめり込んでゆけるような物語なのである。つまり千代子の語りは、千代子の一代記のようになってはいるが、それは立花が介入した物語でもあるので、立花が想像している千代子（立花の自我の投影されたもの）の年代記でもある。そのため、千代子が立花から鍵を受け取り、病院のベッドの中で、宇宙へ旅立つ姿は、千代子自身の心理的な展開ではなく、立花が、千代子の物語の展開として想像しているものとみることもできる。アニメーションのキャラクターが、観客の自我の投影となることと同じである。

こうしてみると立花の心理的な停滞（千代子に対する罪責感）が、千代子との語りの中で乗り越えられ、彼の活動性が千代子のイメージの展開として表れてきたとも考えられる。

このような心理的展開は、立花に当てはめて考えられるばかりでなく、カメラマンの井田に起こってきたこととみてもおかしくはない。

井田は、最初、引退した老女優のドキュメンタリー制作に乗り気ではなくむしろ冷笑的であるが、徐々に千代子と立花の語りの世界に引き込まれ、積極的に彼らの語りの世界に入り込んでいる（図13参照）。この井田の姿は、同時に観客である我々の姿でもある。いつしか千代子と立花の語りにのせられている。そして最後に千代子が光の中を飛んで、追いかけるのが好き、と言う。その言葉は、世の中でともすると停滞してしまう心を持つ我々観客の、本来ありたい姿でもある。停滞していた心が動き始めて良かった、という心地よさがある。

『千年女優』が公開された2002年に、映画のパンフレットに「世代を越えて語り継ぐ物語―『千年女優』」という文章を寄稿した（横田、2002）。その中で次のように『千年女優』について紹介した。

「立花の姿を身近に見続ける若者井田はいつしか立花への共感が芽生え、立花と一緒になって千代子の応援を始める。彼らは共に宇宙服姿になって月面で千代子を見守る。千代子と立花の関係は、それぞれが自身の物語を語り、それらをお互いが共感的に聞き、それぞれが感情を照り返すということで各自のこころの混乱が鎮静化されることを示す。そして、同席する冷笑的な若者ですらが、いちずな彼らの生にのめりこんでゆく。かくして世代は断絶せず、流れ、伝わると語るのである。」

この文章が示すように、井田の存在はアニメーションにおいて重要であり、冷笑的な若者が他者の生の有様に感動し、共感している。井田のような若者が、心理的な変化を示し、しかも前向き行動力を示すようになる。千代子、立花、井田といった世代の異なる人たちの間に前向き行動力の流れが伝播してゆく。そこにアニメーションの大きな力を感じたのが２００２年当時であった。

しかしそれから20年近くたった現在において、世代がつながってゆくといったような語りがアニメーションの中であまり見られなくなってしまったように思う。

むしろ大ヒットアニメーションでは、個人の内面に関心が集中し、心の中の思いに留まり、願望充足のための行動はするが、心理的な成長を促すような行動をしないで済ます（つまり停滞する）ことを良し、としているように思えてしまうのである。『千年女優』を今取り上げる理由もここにある。

ところで、心の動きを活性化する人との出会いが成り立つためには、適切な時に、出会う必要がある。千代子の長い隠棲時間が、立花との出会いの時を準備した。それは立花の方でも同様で、長い時間が千代子との出会いの準備をした。そうした両者の出会いが、お互いの触媒となって、心が前向きに動き出したとみることができる。

一人では成り立たない、心の前向き行動力の活性化がある、ということである。

6　鍵の君とカプローニ

さて鍵の君について、漫画の『太陽の彼方』の老婆のベッドと同様に、千代子を乗せて運ぶ象徴的な媒体にすぎないと述べた。千代子は鍵の君を追いかけることで映画界においてスターになった。現実よりは夢の世界に生きていたことを象徴的に示すために図14では、現実よりは語りの世界、つまり映画の世界が優位になっていることを示した。

この図は、第1章の図3と同様である。図3ではカプローニが夢の世界に留まりなさいと二郎に語りかけていた。つまり図3のカプローニと図14の鍵の君は同じ役割を担っていることになる。鍵の君は千代子の行動を活性化し、カプローニは二郎の行動の指針となっていた。こうした内的なイメージが、個人の行動に働きかけることは大いにあり得ることであろう。

そこで思い出されるのが第二次世界大戦の最中、強制収容所に収容された高名な臨床家フランクル（１９６１）の記述である。彼は強制収容所の言語に絶する状況の中で、あるイメージを思い浮かべて生き延びたことを語っている。少し長いが引用してみたい。

『『なあ君、もしわれわれの女房が今われわれを見たとしたら！　多分彼女の収容所はもっといいだろう。彼女が今のわれわれの状態を少しも知らないといいんだが。』するとと私の前には私の妻の面影が立ったのであった。そしてそれから、われわれが何キロメートルも雪の中をわたったり、凍った場所を滑ったり、何度も互いに支えあったり、転んだり、ひっくり返ったりしながら、よろめき進んでいる間、もはや何の言葉も得られなかった。しかしわれわれはその時各々が、その妻のことを考えているのを知っていた。時々私は空を見上げた。そこでは星の光が薄れて暗い雲の後から朝焼けが始まっていた。そして私の精神は、それが以前の正常な生活では決して知らなかった驚くべき生き生きとした想像の中でつくり上げた面影によって満たされていたのである。私は妻と語った。私は彼女が答えるのを聞き、彼女が微笑するのを見る。私は彼女の励まし勇気づける眼差しを見る――そしてたとえそこにいなくても――彼女の眼差しは、今や昇りつつある太陽よりももっと私を照らすのであった。」（一二二－一二三頁）

つまりフランクルの体験したことは、妻のイメージ（妻はこの時にすでに亡くなっていた）が悲惨な現実を越えてリアルに立ち現われ、彼女との会話が、生きる支えになったということである。強制収容所の生活を生き抜く力になったのである。こうした内的なイメージは多かれ少なかれ誰の心の中にも存在する。多くは愛する者のイメージとして存在する。フランクルはこの体験から「愛」が人間の究極の実存において重要なものと語る。しかし「愛」の実存というまでもなく、日本のアニメーションでは、二郎に対するカプローニが、二郎の生活を支える心的なイメージであり、千代子の鍵の君も同様に、彼女の生活を支える心的なイメージであった。生活を支えるということでは、カプローニも鍵の君も同様な役割を果たしていた。「愛」の実存ということであれば、千代子の鍵の君の方がそれに近いであろう。

鍵の君に関し、監督の今敏（２０１８）は、

「千代子にとっての鍵の君は、常に頭越しであった父が手を差し伸べてくる、というイ

メージです。それで恋心が芽生えるというか、ボーッとなってしまう」（四八三頁）と述べている。今監督によれば優しい父性が鍵の君であった。父性ということであれば、45歳の時に鍵を失くしてしまうということが起こるのもうなずける。そろそろ父性を卒業する時期に来ていたのである。

それに対して75歳の千代子にとっての鍵の君は、どういう存在なのであろうか。75歳の千代子が鍵に触れ、鍵の君を思い出すのは、父性とは全く異なった次元の体験が起こったということになろう。この時鍵の君が喚起したものは、フランクルの語る「愛」の実存と似たようなもので、千代子の実存の支えになっているものではなかろうか。それは立花が鍵を見せ、千代子がそれに指を触れた時に同期して地震が起こったことによって象徴されている。

鍵は千代子の実存を変革させる、まさに「鍵」なのである。

これがきっかけとなって千代子は自身の年代記を立花に語り始めるのであり、語り終わると鍵の君を追いかけるというよりは追いかける自分自身を、あるがままの自分として受け入れる。追いかける、という前向き行動力を示し続ける実存をそのまま自分として受け入れる。

立花は井田に鍵の君はすでに亡くなっているという現実を、千代子を見舞う最中に語る。千代子自身は鍵の君の死を知らされてはいない。こうした状況は、フランクルにとって妻がすでに亡くなっていたにもかかわらず、妻のイメージを浮かべたことと同じである。重要なのは、妻のイメージを生々しく思い浮かべられたことであり、千代子についていえば、光のイメージをリアルに思い浮かべられたことである。千代子の光の体験は、フランクルが「太陽よりももっと私を照らす」といった体験に相当するのではなかろうか。鍵の君よりはより大きな太陽のような光に支えられていることが千代子の体験した実存なのである。

光の中の千代子の体験を臨死体験の表現として考えたのは先述した。アニメーションでは千代子が身体的な病を薬で抑えているらしい表現があるので、臨死体験に思いが至る。

しかし健康体の千代子が光の中で実存的な体験をしたとするならば、より創造的な世界に入ることもあるのではなかろうか。アニメーションの世界で考えれば、80歳の時に『死者の書』(2005)(原作：折口信夫／企画：川本喜八郎・新作アニメーション製作実行委員会／監督・脚本・演出：川本喜八郎／製作：桜映画社)を完成させた川本喜八郎があり、78歳の時に『かぐや姫の物語』を公開している高畑勲がいる。千代子の75歳の年齢においても、創造的な生活において、活躍する余地がないわけではない。もしそうした想像が許されるならば、追いかけるといった千代子の実存に根ざした創造的な世界の展開があったろうと思うのである。『千年女優』という作品は、そうした75歳と高齢の女性の中の創造性の発露まで考えたくなるような物語の展開なのである。

高齢になっても心理的な前向き行動力は、創造性の発露として、現実の中で発揮され続けることが期待されるのである。

【第３章　引用文献】

エリクソン・E・H（小此木啓吾編訳）　１９７３　自我同一性―アイデンティティとライフ・サイクル―　誠信書房

フランクル・V・E（霜山徳爾訳）　１９６１　フランクル著作集1夜と霧　みすず書房

平沢進　２０１１　平沢進インタビュー　今敏「愛ある不親切」　今敏「夢の化石　今敏全短編集」講談社　pp.415-419

ユング・C・G（鎌田輝男訳）　１９７９　人生の転換期　現代思想　臨時増刊号　第7巻第5号　pp.42-55

今敏　２０１１　太陽の彼方　夢の化石　今敏全短編集　講談社

今敏　２０１８　今敏絵コンテ集千年女優　復刊ドットコム

クロガー・J（榎本博明編訳）　２００５　アイデンティティの発達―青年期から成人期―　北大路書房

横田正夫　２００２　世代を越えて語り継ぐ物語―『千年女優』『千年女優』パンフレット寄稿集　クロックワークス

横田正夫　２００３　青年期から成人期に到る時期における表現テーマの変遷―今敏の場合―　日本大学文理学部人文科学研究所研究紀要　66号　pp.93-109

Yokota, M. 2004 Satoshi Kon's transition from comics to animation. *International Journal of Comic Art*, 6（1）, pp. 250-265

横田正夫　２００６a　今敏監督のアニメーション作品にみるこころの表現　日本大学文理学部人文科学研究所研究紀要　72号　pp.113-130

横田正夫　２００６b　アニメーションの臨床心理学　誠信書房

横田正夫　２０１２　今敏のアニメーションにおける停滞する悪意―成人危機と中年期危機―　横田正夫・小出正志・池田宏（編）アニメーションの事典　朝倉書店　pp.305-309

横田正夫　２０１７　大ヒットアニメで語る心理学―「感情の谷」から解き明かす日本アニメの特質―　新曜社

第4章　第1部まとめ

さて今までヒットした三作品を心理学的に紐解いてきた。読者の中には、作品を傷つけていると不快に感じた方もいるかもしれない。

しかし作品は作品として感動しないと、本を書こうという動機づけは起こらない。したがってここで取り上げた作品については、感動した上でなお、心理学者として気になる点を述べたものである。

取り上げた三作品に共通しているのは、現実レベルを超えてしまう前向き行動力である。

『風立ちぬ』の二郎の前向き行動力は、飛行機を作ることに動機づけられ、関東大震災による災害や第二次世界大戦の迫りくる世相による心理的な影響は全く語られず、ただひたすら飛行機を幻想し続ける。その幻想は、時に友との会話よりも優先されている。二郎は現実よりも飛行機を作るカプローニとの夢の世界が優位になっている。

『天気の子』においては、帆高は、陽菜に出会って、晴れ間を作り出す奇跡を目にし、陽菜との関係を維持することに執心する。その結果、陽菜が死の世界に行ってしまっても、その後を追ってゆく前向き行動力を発揮し、生と死の境界を飛び越え、死の世界から陽菜を現実世界に呼び戻すことに成功する。

『千年女優』の千代子は、鍵の君といった虚の存在を追いかける前向き行動力を示し、その行動力の現われが映画の役を演じることになっており、女優としては成功しているが、第3章では触れなかったが現実的な結婚生活には失敗した。現実の社会生活よりは鍵の君という虚なるものを追いかける前向き行動力が優位になっていた。

このようにいずれも現実生活への関心は乏しかった。

1　前向き行動力の目標

三作品にはそれぞれの特徴もみられる。それは前向き行動力が向かう目標の在り方の差異によく表れている。

『風立ちぬ』の二郎の目標は、飛行機を作ることであった。その飛行機は、二郎の目標ではあるが、二郎が就職した会社の目標でもあり、時代が要求する目標でもある。個人的レベルで二郎が飛行機を幻視して、無意識の世界に沈潜し、カプローニと出会って会話するとしても、それは社会が欲し、時代が要求するものを作り出すという点では、創造性の発露としての道筋が残されていた。夢の世界への沈潜があっても、結局は、社会に還元される創造力に行きついていた。

『天気の子』の帆高は、陽菜を死の世界から現実世界に連れ帰る。その際に帆高は、陽菜に今のままがいい、と伝える。陽菜は自分の願望にしたがって生きてよいのだと伝えるのである。それまでの陽菜は他者の喜ぶことが自分の喜びになっていた。そのためその陽菜が自分の願望に従ってよいのだと気づいたとしても、その出来事から二年余り経過して帆高が大学生になって陽菜に会いに来た時、陽菜は祈りの姿勢でいた。何を祈っていたのかは不明ではあるが、目の前には水没した東京が広がっているのであるから、自身のことよりは他者のことで祈っていたと考えることができよう。さらには帆高が涙を流しているのに対し、大丈夫と問う。つまり陽菜は帆高のことを心配している。

こうしてみると、陽菜は他者のことを考えてしまう傾向は変わっていないらしい。そうした陽菜の姿勢に、帆高は、受け入れられたと感じる。若い男子が、若い女子に、受け入れられたと感じられないと、声を異性に発せられないとすると、その自発性は極めて乏しいと言わざるを得ない。死の世界にまで陽菜を迎えに行く前向き行動力を発揮できていたのに、その行動力は再会の時には見る影もない。そうした落差の大きさがこの作品の特徴である。陽菜は、帆高の行動力の乏しさゆえに、かえって彼から心を傷つけられる危険性は少ないと実感でき、安心できるのであろう。現代の若者にとって、身に危険が及びそうなものは一つもなく、反発されずに、受け入れてもらえる関係が何よりも大事なのである。『天気の子』にその理想的形態をみることができる。

『千年女優』の千代子は、鍵の君を追いかけることが前向き行動力の目標であった。鍵の君という虚なるものを追いかけるという点では現実から乖離しているとはいっても、千代子は女優として成功しており、社会的な名声を獲得している。さらには千代子の心の中に、立花と井田という二人が侵入するという意味では、千代子の心の自我境界の弱さを示すが、その一方で、立花は千代子を助け、井田も千代子と立花のかかわり合いに同席し続けることで、いつの間にか、千代子に共感を寄せるようになっていた。心の中での出来事ではあるが、千代子は、他者と親密な関係を結ぶことができている。老年期に入った千代子は、自我境界の弱さを持ちながら、二つの異なる世代の他者（井田と立花）との親密さを維持できる心の健康さを持っていた。

しかしそれまでの千代子の心の内面はどうであったのであろうか。

千代子が映画監督の大滝に口説かれるシーンがある。カクテルグラスを手にしている千代子が映し出され、海の見えるベランダで、隣にはやはりカクテルグラスを持った大滝がいる。大滝は監督を画家にたとえる。「画家は気に入った色でカンバスに絵を描くが、僕も素晴らしい絵の具に出合えたんだよ、君という」、と語りかける。そして大滝は千代子の手を握り、口づけしようとする。その時、千代子の手にしたカクテルグラスが首にかけていた鍵に当たって「チーン」と音を出す。千代子は「ごめんなさい」といってその場を立ち去ってしまう。首にかけていた鍵は、鍵の君が残していったものである。鍵に触れることで鍵の君が思い出されたのである。つまり鍵の君のイメージが現実の口づけより千代子にはリアルなのである。

千代子の心の内面には一貫して鍵の君のリアルなイメージがあり、鍵の君に囚われている千代子は心理的には停滞していたと見ることができる。

2　個人レベルへの関心

『風立ちぬ』『千年女優』『天気の子』の順で、監督の年齢は若返る。こうした年代の異なる監督にとって、描くべき世界は、それぞれの年代が生きてきた時代背景を背負っているということなのであろう。

『風立ちぬ』では前向き行動力の目標は、個人、会社、社会といった三つのレベルで一致している。

『千年女優』における前向き行動力は、鍵の君という個人的レベルの目標に向けられているが、そこに向かう前向き行動力は千代子、立花、井田という三名に共有されたものであった。異なる年代の三名の関係の成り立ちは、社会性が最低限維持されていることを示している。

それに対し『天気の子』は、帆高と陽菜の二人だけの世界である。帆高の前向き行動力は、その他の登場人物、須賀、夏美、凪によって助けられる。そしてアニメーションの目標は、結局は、帆高の陽菜と一緒にいたいという個人レベルの願望充足を描くことなのである。

3 葛藤が描かれない

さらにここで紹介した三作品に共通しているのは葛藤が描かれないということである。例えば『千年女優』で、大滝との結婚生活を始めた千代子がどこかへやってしまったと思っていた鍵を、夫の本棚を掃除している時に、積み重ねた本の山が落下し、その中から発見する。帰宅した夫を難詰しようとするが、そこへ来客があったことが知らされ（この時、これまでの場面が映画の撮影中での出来事だったように映画のセット内に千代子は立っている）、来客から鍵の君の手紙を手渡される。手紙を読んだ千代子は、鍵の君を追いかけていきなり駆け出してしまう。こうした展開では、夫婦の間の葛藤が、別の出来事の出現によって、直面化されることなく素通りされてしまう。葛藤が成り立たないのである。

臨床心理学者の河合（２００２）は日本の昔話の特徴として葛藤が存在しないことを紹介し、そこから日本人の心理的な特徴を述べている。引用してみたい。

「物語の山場を盛りあげる葛藤が存在せず、無葛藤の調和的解決が生じるところに、日本の昔話らしさがあるように思われる。葛藤の存在は意識化の前提である。葛藤を解決しようとして、われわれは無意識的な内容に直面し、それを意識化することになる。葛藤を経過しない解決は、意識・無意識の区別があいまいなままで全体として調和した状態にあ

ることを示している。」（七一頁）

河合が述べるように、日本の昔話の特徴の葛藤が存在しないということは、昔話だけのことではなく、日本のアニメーションの特徴でもあった。そのため夢の世界に入り込んで、そこに停滞し、夢の世界が現実よりも優位になることも起こってくる。河合によれば、葛藤がないということは、言い方が矛盾しているように思えるのだが、何も起こらなかったことが起こった。別の言い方をすれば「無」を語るために「存在している」ことになる。

『風立ちぬ』では、第二世界大戦という大きな外的な出来事にもかかわらず夢の世界では何も起こらない「無」が存在した。そして何も起こらなかったことで心理的な調和が保たれる。『天気の子』においても、天に召された陽菜を助け出しにいくということが、何の困難もなく（何の葛藤もなく）成し遂げられるのであるから、結果的には何も起こらなかったことに行きつく。こうして帆高の心理的な調和は維持される。

このことは『千年女優』の千代子にも起こっている。先述したように夫婦の諍いが生じようとしているときに、それを無にするような出来事が生じ、結局、諍いのその後の展開も描かれずに終わってしまう。そのため、千代子の心理的な調和が崩れることはない。

葛藤が描かれないという日本アニメーションの特徴は、葛藤を描こうとするときには現実から異界へ行ってしまうような形で描かれる。

『風立ちぬ』のカプローニとの夢の世界、『天気の子』の死の世界、『千年女優』の千代子と立花の語りの世界、これらはいずれも無意識世界につながるものであった。こうした無意識的世界への移行はたやすく行われるのである。

昔話の物語の展開から、河合は、

「日本人にとって他界と現実界との障壁は思いの外に薄いものなのであった。」（一八二頁）

と述べている。さらに、

「それに比して、日本的な意識の在り方は、常に境界をあいまいにすることによって、全体を未分化なままで把握しようとする。」（一八二頁）

と述べている。

シーソーのモデルに従えば、夢の世界が現実より重い心の状態も、夢の世界が重いから社会適応が困難になるのではなく、夢の世界が重く現実が軽い状態を全体として把握して、それをそのまま受け入れて楽しんでしまっている。安永（1992）のパターンの逆転のような現象がアニメーションで描かれているとしても、それが病理現象として立ち現われるわけではなく、意識と無意識の未分化な全体として何も起こらなかった「無」の状態が描かれる。日本のヒットアニメーションは、日本の昔話の特徴をそのまま再現し、何も起こらなかったので安心していられる、という特徴を持つのである。

4　願望充足

以上のように日本アニメーションの特徴を考えるとしても、さらに追加して考えるべきことは願望充足が中心になっているということである。

『風立ちぬ』では二郎は飛行機を作ることに集中し、ともすると菜穂子の病状の変化や決意について無関心のように見えてしまう。二郎自身の願望充足のみが描かれているように思えるのである。

『天気の子』でも帆高は陽菜を迎えに行くことのみを願望し、その願望を成し遂げる。その後も陽菜に再会したいという願望も成し遂げられた。帆高の願望充足のみが描かれているように見えるのである。

それに対して、20年近い前の作品の『千年女優』では、千代子の鍵の君に会いに行くという願望は決して充足されず、追いかける状態を好きなのだという自覚に至る。しかも立花という身近にいた他者の存在に気づき、「嘘が下手ね」といったように、他者を配慮することができている。その意味では、千代子は、語りの世界といったいわば異界から現実世界に戻ってきている。

つまりここで取り上げた三つの作品は、登場人物たちに共通する無意識的世界に共にあるように描かれているが、『風立ちぬ』と『天気の子』では主人公の願望充足の達成のために無意識的世界があり、しかもそこから抜け出て現実世界に戻ることはないのに対し、『千年女優』では他者と共有の無意識的世界に入ることはあっても、主人公は現実世界に戻って、他者への配慮を示すという違いが存在した。

三つの作品だけで結論を出すことは無謀なことではあるが、大ヒットアニメーションということであれば、現代日本の好みを反映していると思われるので、『千年女優』の公開から20年ほど経過した現代の日本では願望充足が期待され、現実世界に戻ることは期待されていないことにならないだろうか。つまり現代の大ヒットアニメーションは社会との深いかかわりがないことが特徴である。

個人の内面の前向き行動力はいかんなく発揮されるが、ではその行動力が社会への適応のためにどのように機能しているのかについては全く語られない。個人内で体験される前向き行動力を、自ら楽しみ、それに満足している。願望充足がそこに起こってきている。そうした社会から離れている内的世界は、その内的世界でいかに前向き行動力が発揮されようと、自閉していることに変わりはない。

統合失調症の自閉性に豊かな自閉性と貧しい自閉性があると説いたのはミンコフスキー（1954）であった。ここで紹介したアニメーションの世界が、社会から隔絶して個人内の世界だけを描いているとすれば、たとえ内容がいくら豊かで前向き行動力に溢れているとしても、それはミンコフスキーの言う豊かな自閉性に相当する。内的世界に現れる前向き行動力を楽しむ、というアニメーションの楽しみ方は、社会に還元されない閉じられたものであるということに注意し、その特徴に対しては自覚的に向き合う必要がある。

豊かな自閉性は、葛藤を描かず、観客の心理を侵害することのない世界を提供するという意味では、極めて安全なものではある。そしてそうした何も起こらなかった安全な世界が、今の観客に、受け入れられているのである。

【第４章　引用文献】

河合隼雄　２００２　昔話と日本人の心　岩波書店

ミンコフスキー・Ｅ（村上仁訳）１９５４　精神分裂病―分裂性性格者及び精神分裂病者の精神病理学―　みすず書房

安永浩　１９９２　安永浩著作集１　ファントム空間論―分裂病の論理学的精神病理―　金剛出版

第2部

子ども向け作品に見られる前向き行動力

第1部では、思春期、成人期、老年期にある登場人物たちの前向き行動力を検討した。第2部ではそれより下の年代の主人公の作品を検討してみたい。また子ども向けに作られた短編作品についても検討してみたい。

第5章
高坂希太郎映画『若おかみは小学生！』

映画『若おかみは小学生！』（2018）（脚本：吉田玲子／制作：DLE・マッドハウス／製作：「若おかみは小学生！」製作委員会）の原作は、令丈ヒロ子の講談社青い鳥文庫全20巻であり、イラストは亜沙美で、劇場用アニメーションの監督は高坂希太郎である。彼は、宮崎監督の『風立ちぬ』の作画監督で、宮崎監督作品についてボールにジャンプしてキャッチする犬のように、飛びついてばかりいるとコメントしている（高坂、2013）。

高坂は宮崎監督作品の特徴を、動きの特徴によって把握し、しかもそれを他者に最もわかりやすい比喩で、それでいて笑いを誘うように表現している。映画『若おかみは小学生！』にもその特徴はいかんなく発揮され、動きによって笑顔を誘うように工夫され、心理的に深刻になりがちな内容を、暖かなユーモアに包み、良質な明るさを持たせている。

アニメーションのキャラクターは亜沙美のイラストを生かした目の大きな小学6年生の女子関織子で、おっこと呼ばれている。両親を交通事故で失ったおっこが祖母峰子の経営する旅館春の屋に引き取られ、1年を過ごす様子を四季の変化におっこの心理的成長を重ね合わせながら描いてゆく。

旅館が舞台なので、おっこは居ながらにして、宿泊客との間に、さまざまな交流をすることになる。その展開がアニメーションならではのものとなって楽しい作品となっている。

1　断絶

アニメーションは死の暗示から始まる。死の暗示から始める作品は、子ども向けのものでは珍しいのではなかろうか。それは次のように始まる。

おっこは神楽を見に、母の実家の温泉に、両親とともに来ていた。

両親は、子どものころ神楽を踊ることが望みだったとおっこに話し、母親は今でも踊ってみたいと、そのふりをおっこの目の前でしてみせる。両親はおっこが神楽を踊るのを見てみたいと希望する。帰りの高速道路の渋滞を心配したおっこは、そろそろ帰ろうと両親に言う。

こうして帰路についた高速道路で、対向車線から飛び出してきたトラックに激突される。

おっこは、車から飛び出して、他の車の屋根に落下する。その時、空中に浮いている幽霊の

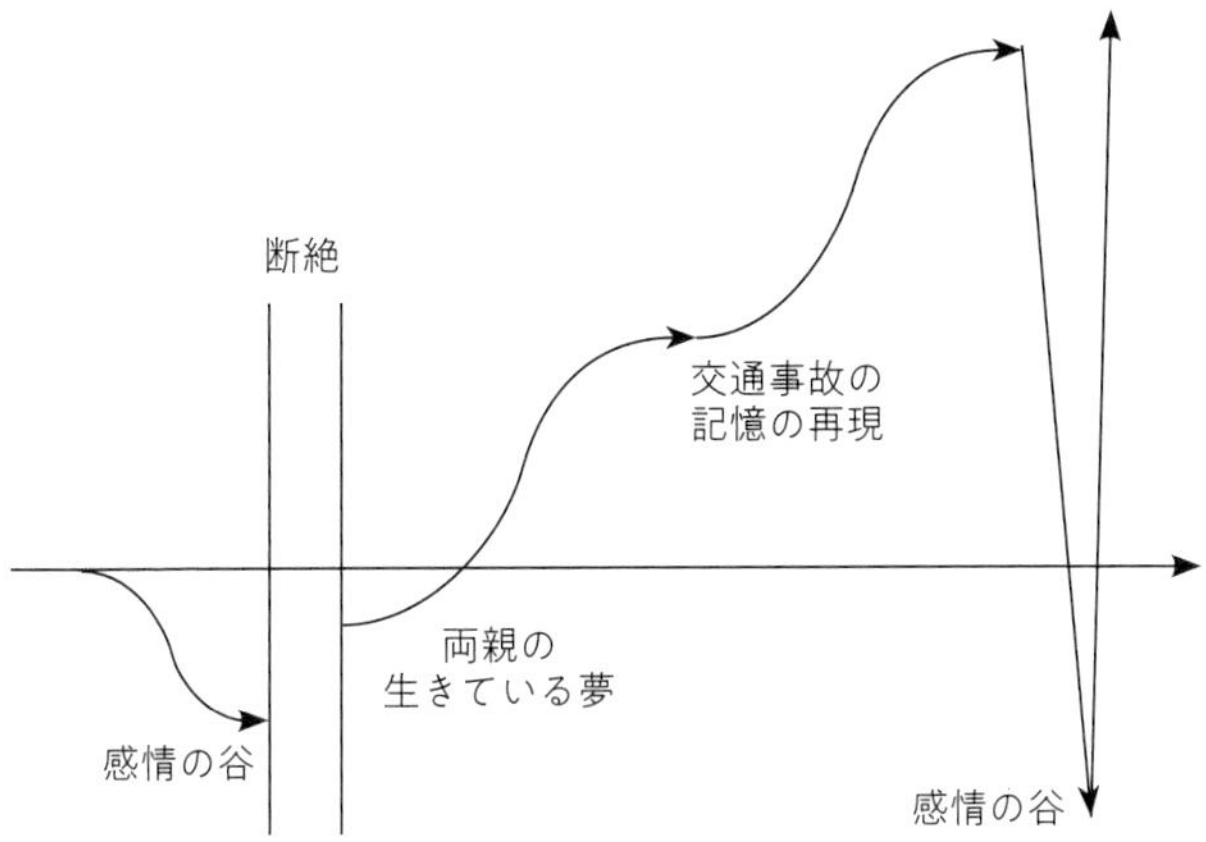

図15　おっこの感情の谷と断絶、その後の感情の谷

男の子、ウリ坊（立売誠）が見える。おっこは、そのまま意識を失う。

この事態を図示すると、図15のようになるだろう。

図15では、左から右に時間経過を示し、左の端に下側へ向かう矢印を示した。この矢印がおっこが交通事故に遭って意識を失う経過を示している。おっこが死に近い体験をしているのであり、それを前著（横田、２０１７）に従って感情の谷として示した。この感情の谷の底でウリ坊に出会ったのである。

アニメーションでは、車の屋根の上で意識を失って、意識の断絶があって、おっこが春の屋へ出かけてゆく様子が描かれるので、図15には、体験の不連続の様子を断絶の区切れで示した。

さて図15で断絶の後、矢印は横線より下から始まっている。これは感情の谷に落ち込む前の活動のレベルより、おっこの活動レベルが落ちていることを示している。

実際には、両親を交通事故で失ったショック、それによって引き起こされる心身の反応はアニメーションでは描かれない。ただイメージボードには、亡くなった両親を思い出して泣いているおっこの絵がある（『劇場版若おかみは小学生！アートブック』２０１９、六頁）。

アニメーションでは、おっこがマンションの玄関で靴を履いている時、ドア近くのおっこは、ガランとした廊下の端にいる。トンネルのような廊下の先に玄関のドアがあり、おっこは「行ってまいります」と言って外に出る。彼女が通り過ぎる表札にはすでに名前はない。空虚なアパートの内部と表札がないことは、両親の不在を示しているとともに、おっこの気分が沈んでいることを示唆している。

図15の断絶は、おっこが車の屋根で意識を失うところから、自宅を出てゆくまでの間の時間が飛んでいることを示している。この間のおっこの意識状態については、アニメーションでは描かれていない。

しかし一般的には親の死は子どもにとっては、非常に強いストレスになるであろう。私とは何かといった根本的な問いを持つようになる自我体験について述べている中で、渡辺（２００９）は次のように述べている。

『いじめ』『死』など、はっきりしたきっかけを持つ事例の場合には、日常の生活体験の文脈の中で理解できるため、自我体験としての特徴を見過ごされかねないが、それまでの自己の自明性が疑われ、答えのない問いに直面するという体験の性質は『自己の根拠への問い』に含められるものである。」（八一頁）

また別のところでは、

「特別な曲がり角としては、死に直面するという体験に勝るものはないであろう。」（一六六頁）

と述べている。つまり死に接することで、自己の自明性が失われるような体験が起こる。自己の自明性が失われるということは、それまでの自己とひと続きになっていないような自己体験であり、以前の自己と、現在の自己との間に断裂があると感じられる事態である。おっこに、そのような自明性の喪失が起こっているかどうかは不明ながら、幽霊のウリ坊に出会うという非日常の事態は生じている。このことは死の不条理に接し、おっこが生活していた日常の自明性に裂け目が生じてしまったことを示している。

その後、図15ではおっこが元気に生活しながらも時折両親の夢を見、交通事故の記憶の断片が再現されることを示している。しかししばらくの間は、交通事故にまつわる感情的体験がそのままの強度で再現されることはなかった。

もちろん抑圧された感情が、そのままに置かれることはない。抑圧の蓋を開けて意識に噴き出す時が訪れることとなった。

2　抑圧された感情の噴出

抑圧が外れて、事故の記憶が再生され、感情体験が同じ強度で再体験される場面を、次に、見てみたい。

冬になって、ある家族が、春の屋にやって来る。木瀬一家である。父親の文太は、交通事故で長く入院しており、なかなか意識が戻らなかったが、やっと外に出られるくらいに回復した。塩気のものは、そのため食べることを禁止されている。春の屋で用意した減塩食を、病院食と同じと箸を取らなかった文太に対し、おっこは何とかならないかと考える。その時思い出したのが、秋好旅館の娘で同級生の真月が「医食同源」という言葉を使って、メニューを考えていたことである。真月にアドバイスをもらうことを考え、そのまま駆け出してしまう。

真月はたくさんの本が収まった立派な図書館で、本を読んでいる。

おっこは真月に、いろいろ経緯はあるが、お客様のために助言がほしいと申し出る。それに応えて真月はおっこに減塩食のレシピの助言と参考書、それに真月のホテルで使用している最上級の肉を与える。ここにはおっこと真月の友情が良く表れている。

春の屋では早速減塩食を作って文太に提供する。塩気のきいた肉が食べられて大満足である。さらには酒の香りのするご飯も用意され、酒が飲みたいという彼の気持ちも満足する。文太は、なぜとも知れず交通事故の話を始め、聞いているうちに、おっこは、両親が亡くなった交通事故の加害者が文太であることに気づく。

おっこは、現実から意識が遠のき、両親の幻影を見、抑圧されていた事故の時の感情が蘇ってしまった。たまらなくなって幽霊のウリ坊や7歳の幽霊の美陽（真月の姉）の名前を叫びながら、玄関から飛び出してゆく。あまりに激しい感情を噴出させているおっこを、ウリ坊はたまらなくなって抱きとめようとしたが、おっこは、彼の存在に気づくこともなく、彼の身体を素通りしてしまった。

玄関から外に飛び出したおっこを車のライトが捉える。車には、以前、春の屋に泊まっておっこと仲良しになった占い師の水領が乗っていた。水領は胸騒ぎがして来てみたと言う。

この経緯については図15の右端に示した深い切れ込みの谷に対応している。

つまり、繰り返しになるが、おっこは、文太の話を聞いて交通事故の記憶が蘇り、その時の感情が直に体験され、そのため現実から心が離れてしまい、心理的な動揺が収まらず、感情の谷に落ち込んだ。その際、ウリ坊や美陽は目に入らない。図15で断絶として示した、記憶が飛んでいる時間帯の抑圧された感情体験が、まさにその時再現された。この体験があまりに強烈であったがために、当初は抑圧されてしまっていたのであった。

おっこの交通事故の体験は、水領相手に語られる。おっこは大粒の涙をボロボロと流し、そして顔をハンカチに埋めながら、激しい感情を露わにする。水領に気持ちを受け入れてもらい、ウリ坊たち異界の友人のことも聴いてもらえておっこは、落ち着きを取り戻し、感情の谷を抜け出ることができた。

感情の谷底で他者に出会って助けられるという図式がここでも当てはまる。

感情の谷から抜け出るのがあまりにも早く、簡単すぎると思う向きがあるかもしれない。しかし、精神科医の中井（２０２０）は、精神障害のはじまりにできるだけ早く介入できれば、心の混乱は速やかに収まると述べている。

そうした精神科医の体験に合致して、おっこの感情の谷への落ち込みは、落ち込みが始まったまさにその瞬間に介入されたことから、精神的混乱は速やかに静穏化した。小学6年生というおっこの若さもこれには影響しているであろう。真月から直前に援助を受けていることも幸いしていると思われる。真月ばかりでなく周囲の人に支えられてきた体験を、おっこは重ねてきていた。そうした周囲の支援の中で、おっこの心の混乱（感情の谷）が発生したのであり、水領のそれへの危機介入が生じたのである。おっこの心の混乱が速やかに治まる要因が複数存在したのである。

感情の谷から回復した後のおっこの示した行動がまた素晴らしい。この場面では多くの人が涙したのではないかと思われる。

春の屋から真月のホテルに木瀬一家に移ってもらうために、真月が迎えに来ていたところへおっこが戻ってくる。文太がおっこに「俺が苦しいんだ」と言うが、それを受け、玄関まで戻って振り返り、文太一家に向かって春の屋のお湯はだれも拒まないと祖母に言われてきたことを自分の言葉として伝える。交通事故の当事者ではあるが、おっこは、自身の体験は脇において、木瀬一家を春の屋に受け入れることを宣言する。

こうしたことが言えるおっこの人間としてのすばらしさに感動してしまう。感情の谷から回復して、人間的に大きく成長したように見える。

ではどのような成長と見ることができるであろうか。心理学的に考えてみたい。

これまで見てきた感情の谷への落ち込みは、自己の問題への囚われともいえる。おっこの交通事故に伴う感情体験はあまりに強烈なために、自我の崩壊の危険性を伴う。そのため無意識に抑圧された。この抑圧されていた感情が蘇ってきたのであるから、それは極めて個人的な体験である。この体験に心が支配されてしまい、それ以外への関心を向けることができなくなってしまった。

こうしたことは、神谷（1980）が「悲しみとの融和」と述べていることに関連すると思われる。

神谷は作家パール・バックが、娘が知的障害者であることを心理的に受け入れられるようになる過程について紹介している。その中で、パール・バックが最終的に自分自身の悲しみについて考えるのをやめ、娘のことばかり考えるようになったことを紹介し、中心を自分自身から少しそらせられるようになって悲しみに耐えられるようになったことを述べている。

パール・バック（1993）から少し長いが該当する部分を引用してみたい。

「そしてわたしの魂の力を、反抗のために使うことをやめました。わたしはそれまでのように『なぜ』と問わなくなりました。問わなくなった本当の秘密は、自分自身のことや悲しみについて考えるのをやめて、娘のことだけを考えるようになったところにあります。とは申しても、このことは、わたしが人生との闘《たたか》いをやめたことを意味するのではありません。そうではなくて、これはわたしが徐々に、あるいは手さぐりで人生と調和するようになったということです。わたしが、自分を中心にものごとを考えている限り、人生は耐えられないものであったのです。そしてその中心をほんの少しでも自分自身から外すことができるようになったとき、悲しみはたとえ安易に耐えられないにしても、耐えられる可能性のあるものだということを理解できるようになったのです。」（八〇－八一頁）

このパール・バックの悲しみの受容を受けて、神谷（１９８０）は次のように述べている。

「つまり自分のかなしみ、またはかなしむ自分に注意を集中している間は、かなしみからぬけ出られないということである。（中略）しかしいうまでもなく悲しみがなくなったわけではない。ただ悲しみが意識の視野の中心から次第に視野の外におしやられたのである。」（一四八－一四九頁）

以上のことを感情の谷に当てはめれば、感情の谷に落ち込んで、自己の混乱に囚われている間はそこから抜け出られない。中心を少し外にずらすことによってそこから抜け出ることができる。おっこの場合でみれば、水領に話を聞いてもらうことで、自己中心性を少しずらすことができた。

パール・バックの体験は、第二次世界大戦の時に強制収容所に入れられ、そこから生還したフランクル（１９６１）が苦難の状況に耐えるためには意味が必要であると述べていることとも共通性があるように思える。

少し長いが引用してみたい。

「ここで必要なのは生命の意味についての問いの観点変更なのである。すなわち人生から何をわれわれはまだ期待できるかが問題なのではなくて、むしろ人生が何をわれわれから期待しているかが問題なのである。そのことをわれわれは学ばねばならず、また絶望している人間に教えなければならないのである。哲学的に誇張して言えば、ここではコペルニクス的転回が問題なのだと云えよう。すなわちわれわれが人生の意味を問うのではなくて、われわれ自身が問われた者として体験されるのである。人生はわれわれに毎日毎時間いを提出し、われわれはその問いに、詮索や口先ではなくて、正しい行為によって応答しなければならないのである。人生というのは結局、人生の意味の問題に正しく答えること、人生が各人に課する使命を果たすこと、日々の務めを行うことに対する責任を担うことに他ならないのである。」（一八三頁）

フランクルの言おうとしていることは、パール・バックの体験したことと同様と思える。つまり自己の生きる意味について考えているうちは、自己への囚われがあり意味の喪失によって生きる意欲を失うことがあるが、視点を変換して、他者に応えるように生きるようになるならば、生きる意味の喪失は起こらず、生きる意欲を失うこともないということであろう。フランクルは、こうした視点を持つことが、強制収容所での絶望的な生活に耐えるためには必要なことであったというのである。

希望が失われた、あるいは生きる意味が失われたということは、アニメーションで言えば感情の谷に陥ったことと同じと思える。パール・バックはこうした状態で悲しみを体験する。自分自身の悲しみに囚われ、自己中心的になっていると、そこから抜け出ることができない。そこで視点を変換して、障害を持って生まれた娘の立場になって、彼女の希望に応えるようにすると悲しみに耐えられるようになる。感情の谷から脱することができる。おっこも事故の記憶に伴った感情体験に囚われ自己中心的となった状態から、視点を少しずらすことができた。それが自分の満足ではなく他の満足を配慮する（もてなす）ということにつながった。

少し飛躍するかもしれないが、同様なことは精神科臨床の現場でも起こってきている。例えば、統合失調症患者においても、自己への関心を外に少しずらすことで状態の安定することが起こる。我々（横田ら、２０１７）の報告した統合失調症患者では、彼の母親が脳梗塞で入院したため、母親の看護をすることを目的に退院し、その後状態の安定をみた。この症例においては、自己の症状への囚われから母親の看病に、関心の中心をずらすことができた。

こうしてみるとおっこの示した他を思い遣るという前向き行動力は、悲しみを和らげ、統合失調症の症状の安定にも寄与しうるような自己への関心を少し中心からずらすという心理機制から起こっていたとみることができる。

おっこの体験は、強制収容所での体験を述べたフランクルの実存を維持する方法に関わるものとも思われる。

小学6年生という若年においても、パール・バックやフランクルにつながる体験ができたということはまことに素晴らしいと思う。

3　自明性の裂け目

さて、先に真月といった友人に支えられていることを述べたが、この作品で忘れてならないのは幽霊や小鬼といった異界の住人が登場することである。その一人がウリ坊である。

ウリ坊は、おっこが交通事故で車から飛び出し、他の車の屋根に落下した時に、空中に浮いていたのであった。その後おっこが春の屋に引っ越してきてから親しくなった。交通事故を契機に見えるようになったのであるから、ウリ坊は自明性の裂け目に存在しているということになろう。

それを図に示すと図16のようになろう。

ウリ坊とおっこはお互いを見ることができるので、相互に向かう矢印で相手が見えることを

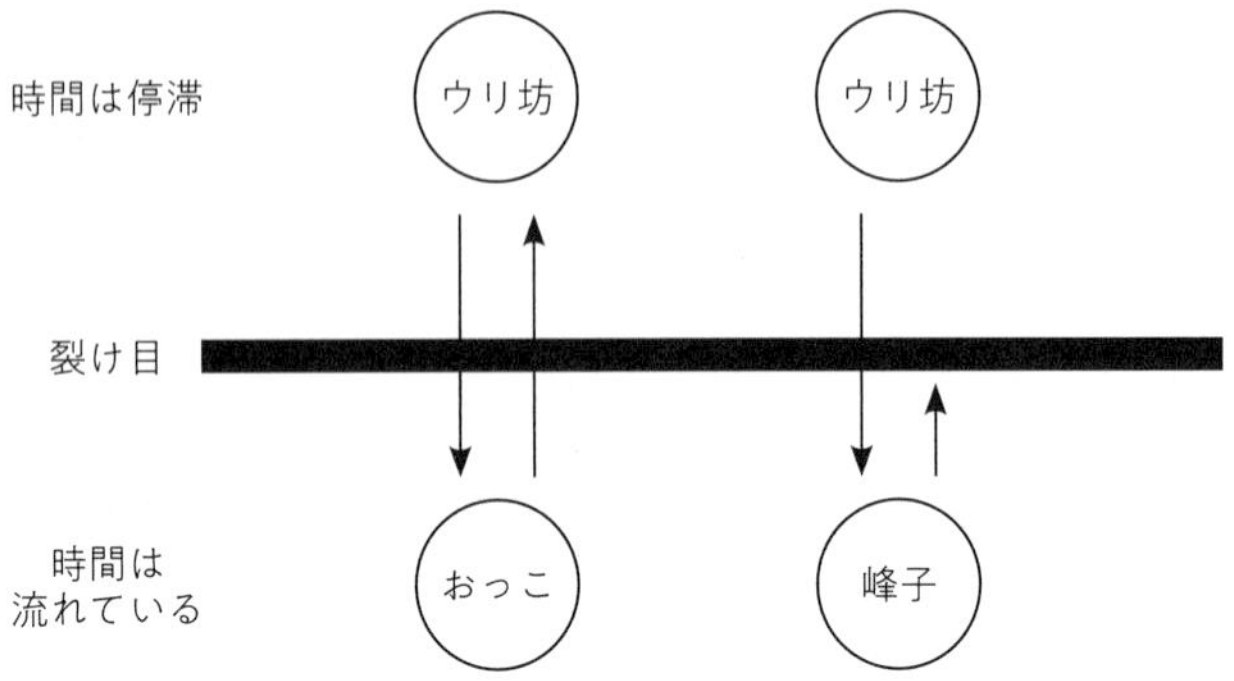

図16　ウリ坊とおっこ、ウリ坊と峰子のそれぞれの関係

示している。この両者の間に棒線が描かれている。これは裂け目で、この裂け目の上下で次元が異なる。上に位置するウリ坊は、死んだときの子どものまま成長しないのであるから、この次元では時間は停滞している。これに対しおっこのいる次元は流れているので、おっこはやがて成長していく。

ウリ坊とおっこの関係を示した横にウリ坊とおっこの祖母峰子との関係を示した。ウリ坊は峰子のことを見ることができるが、峰子はウリ坊のことを見ることはできない。このことを峰子の方からの矢印が裂け目の横棒を横切っていないことで示している。ウリ坊と峰子の関係は裂け目に対して非対称なのである。

本来は非対称のはずのウリ坊とおっこの次元は、おっ子に限って交わってしまっている。

図16においてウリ坊を裂け目の上側に描いているのは、おっこが交通事故の時、ウリ坊が空に浮かんでいるのを目にし、また部屋の中でも空中に浮かんでいるのを目にしたというように、おっこが浮かんでいるウリ坊の視点

から、見られていることを示している。逆に言えば、ウリ坊は、空の上の方から、おっこを見守っているといったような意味合いがある。そのため図16のような図示となった。

ウリ坊は幽霊であるが、妖怪が父親を亡くした小学6年生（11歳）の少女の見守り役になるというアニメーションが別にある。沖浦啓之監督の『ももへの手紙』（２０１２）（脚本・原案：沖浦啓之／制作：プロダクションI.G／製作：「ももへの手紙」製作委員会）である。この作品では父親を亡くしたももが、母親と一緒に母親の故郷の瀬戸内海の島に引っ越してくる。そこで見守り役の妖怪イワ、カワ、マメに出会う。ももは父親の死を体験し、しかも引っ越しを体験し、妖怪に出会ったのであった。

おっこも、ももと同じ小学6年生で、親を亡くし、引っ越しをして、幽霊に出会った。ももとおっこは状況が似ている。ももの置かれた状況について筆者（２０１６）は次のように紹介した。

「ももは、（中略）青年期に入りかけの時期にあり、家族や仲間との新しい関係づくりがテーマとなる。こうしたももにとって父の死は大きな喪失体験である。父を失ったばかりでなく、母には馴染みの地ではあっても自分には異邦の地である汐島に引っ越したももは、それまで慣れ親しんだ故郷までも失った。学校の友だちも、近所の馴染みの空間も、必要なものは何でも手に入るスーパーも失った。アイデンティティ発達によれば、青年期に入った女子が転居することは、否定的な自己評価をもたらす（クロガー、２００５）。もも

はまさにそうした状況にあった。」（六五頁）

この紹介はももについてのものであるが、基本的にはおっこにもそのまま当てはまる。両親を失ったおっこは、住み慣れたマンションを離れ、母親の故郷ではあるが、おっこには馴染みのない春の屋へ引っ越してきた。それは同時に学校の友だちや、近所の馴染みの空間を失ったことでもあり、おっこのアイデンティティを否定的なものにすることになったのであろう。

こうした状況の中で、ウリ坊は、ももの見守り役の三人の妖怪と同様に、見守り役のような立ち位置におかれるようになった。

ただおっこの体験は精神病理的には二重見当識として知られるものに等しいように思える。二重見当識について永田（１９９３）は次のように述べている。

「妄想などで誤った見当識をもちながら、正しい現実的な見当識が並存されていることをいう。（中略）分裂病の場合、病初期は現実世界が異常意味の洪水になるが、慢性化した分裂病者では、現実を遊離した分裂病性の妄想世界と現実世界を矛盾なく生きることができるようになる。（中略）二重見当識があれば、患者にとっては妄想世界のほうがはるかに現実的であるといわれている。」（六〇〇－六〇一頁）

分裂病は現在では病名が変更され統合失調症となっているが、二重見当識は統合失調症患者の妄想と現実の二重の世界に生きる在り方であり、患者にとっては妄想世界の方がより現実的なのである。おっこが体験しているウリ坊との共存した世界は、この二重見当識に対応したものである。

しかしアニメーションは二重見当識を描いているように思えるとしても、精神病理的なものとして描いているのではなく、夢の世界が現実と二重写しになっているような状態として描いている。とはいうもののウリ坊は、おっこに大きな影響を与えている。それはウリ坊の峰子に寄せる思いにおっこが感動してしまったためである。

峰子は若いころウリ坊と仲良しだった。峰子はお転婆で屋根に上って、そこから隣のウリ坊に声をかける。ウリ坊は窓から顔を出し、峰子のパンツ丸出しの姿を見る。その時峰子は屋根から足を踏み外す。ウリ坊はすかさず塀を乗り越えて峰子の元に走り、落下する峰子を見事に受け止める。

ウリ坊の峰子に対する行動の素早さのアニメーションは素晴らしい。ウリ坊の動きに反映されるような峰子への強い思いは、おっこの心を動かし、おかみとなることを後押しする。

やがておっこにとって現実生活が忙しくなり、別の世界の存在意味が薄れてゆけば、幽霊は見えなくなってゆく。おっこが感情の谷に落ち込んだ時にはウリ坊の姿は全く見えなくなっていた。

4 仕事が大事

話が先走りすぎたが、異世界の住人が見えなくなってゆく経緯があるとしても、彼らとのかかわりは重要である。まずはウリ坊が、おっこが春の屋でおかみをすることになるきっかけを作ったことがあげられる。

ウリ坊との掛け合いのような会話が、ウリ坊の存在を感じとれない峰子には、おっこが自ら春の屋のおかみになると言ってくれているように聞こえ、それがとても嬉しい。早速、峰子は、おっこの身体に合わせて和服を仕立てる。それを身につけたおっこは、歩き方から始まり、春の屋の従業員のエツコさんから基本的な所作を教えられる。

所作の訓練が、アニメーションで描かれるのを見るのは、久しぶりのことである。今のアニメーションの多くは、何の訓練もしなくとも、異常な能力を発揮して大活躍するものが多い。そんな例の一つが第3章で紹介した『千年女優』の千代子であろう。16歳の千代子は、監督のちょっとしたアドバイスで女優として開眼したように描かれていた。しかし千代子は女優としての訓練は何も受けていなかった。

東映動画（現東映アニメーション）の初期の作品、例えば『少年猿飛佐助』（1959）（演出：藪下泰司・大工原章／原作：檀一雄／脚本：村松道平／製作：大川博）では佐助は忍術の訓練を戸沢白雲斎から受けて使えるようになり、『西遊記』（1960）（演出：藪下泰司・手塚治虫・白川大作／脚本：植草圭之助／製作：大川博）では悟空は仙人に術の訓練を受けてやはり使えるようになる（横田，２０１８）。一般化すれば大人になるのにはなんらかの訓練を受ける必要があると描かれてきた。そうした作品があったにもかかわらず，現在では何の訓練を受けないまま，一人前以上の活躍をするアニメーションが多い。

それに対し，映画『若おかみは小学生！』は訓練を受けるという点をおろそかにしていない。一人前になるには，仕事をすると決め，まずは訓練から始まり，少しずつ仕事を覚えていく必要がある。当然なことである。

さてウリ坊以外にも異界の人々が登場する。それらは鈴鬼という小鬼の魔物と7歳の幽霊美陽である。

美陽はおっこに悪戯をしかけ，鈴鬼はおっこのおやつを盗み食いしていた。いずれも癖がある。しかしおっこは一存で彼らが春の屋に住むことを受け入れた。このことは重要なことであろう。『ももへの手紙』でも，主人公のももが三匹の妖怪に家にいてよいと許可を与えるシーンがある。

そのシーンについて筆者（２０１６）は次のように述べた。

「さらに重要なことは，妖怪たちイワ，カワ，マメが家にいることをももが自分の一存で許可するということである。このことはアイデンティティの発達を考えると重要な判断である。子ども時代は両親の考えを内在化させ，それを基準にするが，青年期にはそうした内在化された基準から解放されたアイデンティティを見出す（クロガー、２００５）。すなわち妖怪たちに与えた許可は、両親の内在化された基準にしたがったものではないも自身の決断である。しかも自分の生活空間の中にいることを許可している。」（六六頁）

この発言と全く同じことをおっこが行っている。

ただ、ももに比べおっこがより進んでいるのは、春の屋にいる条件として美陽と鈴鬼に働くことを課した点である。美陽は鯉のぼりを飛ばせられたように、幽霊でありながら現実世界のものに影響を与えられるので、おっこの頼みを嬉しそうに引き受け、窓ガラスを綺麗にし、鈴鬼もおっこの与える仕事を引き受け、庭の草むしりをする。つまり彼らが春の屋の住人になることは働くことと一体になっていた。これはおっこも同じであった。春の屋で働くことがおっこの日常になっていた。

さてここで自我同一性やアイデンティティという言葉に関連の深いエリクソン（１９７３）の「働くこと」に関する興味深い発言があるので引用してみたい。

「かつてフロイトは、正常な人間として、よくなし得なければならぬものは何だと思うかとたずねられたことがある。質問した人はおそらく複雑で『深遠な』答えを期待したことであろう。ところが、フロイトは簡単に『愛することと働くこと　Lieben und arbeitn』と答えたのであるが、この簡単な公式は熟考に値する。つまり、その含蓄は考えれば考えるほど深い意味をもっている。そもそも、フロイトが『愛』というとき、愛は寛容さの拡大 expansiveness と性器的な愛 genital love とを意味していた。さらに、愛すること『と』and 働くことといったとき、フロイトは性的な存在であり、愛する存在であるための権利や能力が失われるほどにまで、個人を支配してしまうことのないような働くこと全体の生産性 productiveness のことを意味していたのである。」（一二〇－一二一頁）

おっこは、美陽や鈴鬼に対して性器的な愛は持ちようがないであろうが、寛容さの拡大は明らかに示している。しかもおっこは美陽や鈴鬼を働かせることで、春の屋の全体的な仕事の生産性を高めることができている。フロイトのいう「正常な人間として、よくなし得なければならぬもの」を完遂していることになるだろう。

異界の人々たちは自明性の裂け目の住人である。おっこが彼らと共に働く喜びを体験できたのは注目すべきことである。

フロイトの発言を拡張して考えれば、異界の住人を愛することができて、一緒に働くことができるようになって、それらの体験を現実に応用できるようになった。生な訓練の場が異界の住人たちによって与えられた。

二重見当識に相当するような異界の住人は、統合失調症の体験のように、現実以上にリアルであるとすれば、彼らとのかかわりが良い訓練の場になっていた。

5 日常性への回帰

フロイトの次にはユングを取り上げてみたい。注目したいのはユングの『赤の書』についてジェイムズ・ヒルマンとソヌ・シャムダサーニ（2015）の対談の中で語られていることである。

対談者の一人ヒルマンは次のように述べている。

「ここで、帰還という考えに戻りたいのですが。これはユングが、ユングにとって最も重要なのは、『赤の書』のものであろうと、これまで私たちが話してきた様々のどれであろうと、例えば芸術、ヨーガ、その他何であろうと、最も重要なのは自己耽溺ではなく、この世界への帰還、一般性を持った人間的価値への帰還である、と表現した考えです。それを生きた生活（the life）に持ち帰る責任があるのです。」（七四頁）

さらに別のところでヒルマンは次のように述べている。

「ユングを助けていたのは義務や仕事のほうではなく、助けになっていたのは、儀式としての日常生活、つまり時間通りに顔を出して、するべきことを行うことでした。」（八一頁）

こうした発言によれば、ユングは自己耽溺と表現されるような無意識世界への浸り込みは現実逃避であって、重要なのは日常生活に戻ることだということになる。無意識について発言しているユングが、日常生活を大切にしていたことを知って、実は、大変驚いた。しかし、考えてみれば当然のことで、日常が安定しているからこそ無意識との対話が可能なのだと思う。ヒルマンによれば、ユングにとっての無意識の探索を支えていたのは、義務や仕事ではなく、儀式としての日常生活だったのである。

一方日本のアニメーションを見ると、無意識世界に侵り込んで、現実に回帰しないようなものが多い。しかしこのような作品はユングによれば自己耽溺に相当し、ユング自身の在り方とは異なっていることがわかる。それに対し映画『若おかみは小学生！』は、ユングの在り方と一致しているように思われる。

そこであらためて本章のおっこの心の在り方をまとめてみたい。

おっこは異界の者たちと共に働いてきた体験があるが、それは一種の現実逃避の意味合いがあったかもしれない。その異界の住人たちの体験に耽溺してしまえば、おっこはそこに停滞し、自明性の裂け目から出られなくなり、精神を病むことになる危険性があったと思われる。自我体験について渡辺（２００９）は、精神科医木村敏についての引用はしているものの、自我体験を統合失調症の発病初期に関連づけて考えていない。しかし中井（２０２０）は統合失調症の発病初期に覚醒度が上がることを述べている。それが現象的には自我体験に相当するものもあろう。

とはいうもののおっこの場合、両親の死という出来事への反応として自我体験が起こってきているると考えられ（実際の表現はなく、ただやや抑うつ的で元気がないように見える程度ではあるが）、おっこの自明性の裂け目体験（ウリ坊を見るようになったこと）は反応的なものとみなせよう。

実際には、おっこは、異界の住人たちとの経験を現実に生かし、春の屋の宿泊客をもてなすことができていた。現実への適応が進むにつれてウリ坊たちが見えなくなっていった。その結果、おっこが感情の谷に陥り、無意識世界に取り込まれそうになった時には異界の者たちは何の役割も果たすことができず、水領に話を聞いてもらうといった現実的な対応によって感情の谷が乗り越えられた。

アニメーションで描かれてきているおっこの物語は、仲間たちとの交流（異界の者たちとの交流を含め）を通して、他者に支えられているという体験を背景に、感情の谷に落ち込むことによる自己への囚われから解放され、あらたな視点を獲得するといった成長物語であるといえよう。

その際には、春の屋のおかみとして日常生活をこなしてきたことが背景にあった。おっこは、何があっても、常におかみの日常に回帰していたのである。

日常への回帰をきちんとアニメーションで描いていたことは、現在の日本のアニメーション界においては、とても大切なことと思う。

【第5章　引用文献】

バック・P・S（伊藤隆二訳）　1993　母よ嘆くなかれ【新訳版】　法政大学出版局
エリクソン・E・H（小此木啓吾訳編）　1973　自我同一性―アイデンティティとライフ・サイクル―　誠信書房
フランクル・V・E（霜山徳爾訳）　1961　フランクル著作集1　夜と霧　みすず書房
ヒルマン・M＆シャムダサーニ・S（河合俊雄監訳　名取琢自訳）　2015　ユング『赤の書』の心理学―死者の嘆き声を聴く―　創元社
神谷美恵子　1980　神谷美恵子著作集1　生きがいについて　みすず書房
高坂希太郎　2013　インタビュー　ロマンアルバムエクストラ風立ちぬ　徳間書店　pp.26-30
高坂希太郎　2019　インタビュー　アニメスタイル編集部編　劇場版「若おかみは小学生！」絵コンテ　高坂希太郎　スタイル　pp.472-479
クロガー・J（榎本博明編訳）　2005　アイデンティティの発達―青年期から成人期―　北大路書房
永田俊彦　1993　二重見当識　加藤正明編集代表　新版精神医学事典　弘文堂　pp.600-601
中井久夫・考える患者たち・高宜良・胡桃澤伸　森越まや編　2020　中井久夫講演録統合失調症の過去・現在・未来　ラグーナ出版
渡辺恒夫　2009　自我体験と独我論的体験―自明性の彼方へ―　北大路書房
横田正夫　2016　メディアから読み解く臨床心理学―漫画・アニメを愛し、健康なこころを育む―　サイエンス社
横田正夫　2017　大ヒットアニメで語る心理学―「感情の谷」から解き明かす日本アニメの特質―　新曜社
横田正夫・青木英美・小野建二・原淳子　2017　草むらテストにおいて自動販売機を描いた統合失調症の2症例の臨床心理学的検討　日本大学文理学部心理臨床センター紀要　第14巻第1号　pp.5-24
横田正夫　2018　映像心理論（アニメサイコロジー）―アニメーション研究による「アニメ」の相対化―　小山昌宏・須川亜紀子　アニメ研究入門［応用編］―アニメを究める11のコツ―　現代書館、pp.9-33
劇場版若おかみは小学生！　アートブック　2019　一迅社

第6章
岡本忠成の短編アニメーション

これまでは劇場用作品を検討してきたが、日本のアニメーションには短編の中にも印象深いものが多い。ここで取り上げたいのは、岡本忠成監督の短編アニメーションである。岡本は１９３２年に大阪府豊中市に生まれ、大阪大学を卒業し、しばらく会社勤めをした後、日本大学芸術学部映画学科に編入学した。１９６１年にＭＯＭプロダクションに入社し、１９６４年に独立し、株式会社エコーを設立した。１９６５年に『ふしぎなくすり』（原作：星新一／制作・脚本：村治夫／制作：電通映画社）を発表し、以後短編作品を多数発表。１９９０年に58歳で亡くなった。

岡本は、１９７２年に、同じくアニメーション作家川本喜八郎と共に「川本・岡本パペットアニメーショウ」というパペットの上演とアニメーションを一緒にしたショウを開催し、このショウを5年間連続して開催した。この1972年の「川本・岡本パペットアニメーショウ」に大学1年生であった私も参加し、アニメーションの世界に魅せられてしまった。それまではTVアニメしか知らなかったが、アニメーションの斬新な表現世界に、圧倒されてしまった。この時の体験があって、日本大学芸術学部映画学科の監督コースで学んでいたのを、2年生の時にアニメーションが学べる映像コースに変更してしまった。

以後、大学でアニメーションを中心に学ぶことになった。1972年の「川本・岡本パペットアニメーショウ」に出会うことがなければ、アニメーションについてのその後の研究もなかった。このショウでの体験が基で、岡本と一緒に作品を上映していた川本喜八郎についてはすでに幾度か論文にして紹介した（例えば、横田，2001，2006：Yokota, 2013, 2020）。それに対し、岡本についてはこれまで紹介していなかった。そこで今回岡本作品を取り上げてみたいと思ったのである。

岡本作品で取り上げたいのが、1972年の上映で私が大きな刺激を受けた『チコタン　ぼくのおよめさん』（1971）（企画・制作：原正次／制作担当：神保まつえ／脚本：岡本忠成・坂間雅子・来道子・田村実）、同じ会で上映された『モチモチの木』（1972）（原作：斎藤隆介／企画・制作：株式会社エコー）、「第2回川本・岡本パペットアニメーショウ」で上映された『南無一病息災』（1973）（脚本：岡本忠成／原作：斎藤隆介／企画・制作：株式会社エコー）、それとその後LD（レーザーディスク）で見ることができ、岡本の最高傑作と思う『おこんじょうるり』（１９８２）（原作：さねとうあきら／脚本：岡本忠成／制作：桜映画社・株式会社エコー）である。これらの作品は岡本の39歳から41歳のころの作品であり、『おこんじょうるり』は50歳の時の作品である。

1　交通事故：自明性の裂け目

『チコタン　ぼくのおよめさん』を、川本・岡本パペットアニメーショウで見た時に、大阪弁の歌声が耳に残り、その歌声（歌：西六郷少年少女合唱団、作曲：南安雄、作詞：蓬莱泰三）に合わせて動くイメージが鮮烈に頭に残った。それは特にチコタンが交通事故で亡くなる衝撃的なイメージであった。アニメーションの技法も、ＴＶアニメで見慣れているセルアニメーションとは異なり、セルは使用しているが、セルの表面から彩色し、その上にクレヨンでタッチをつける工夫をした目新しいものであった。そのためキャラクターと背景の色彩とうまく合っているのも魅力であった。キャラクターを滑らかに動かすことに関心はなく、むしろ大きく飛越するような動きが、登場する男の子とチコタンの感情の動きにうまく合っていた。男の子とチコタンは、子どもの描いた絵のように稚拙な感じがあり、それもまた教育用アニメーションに相応しいものとなっていた。

この作品が発表された当時、どのように見られていたのであろうか。

山口・渡辺（１９７７）は、『チコタン　ぼくのおよめさん』を高度経済成長下に起こったダンプカーによる交通事故頻発を告発する作品と述べている。監督の岡本（１９９４）は、「当時は高度経済成長の中での文明批判のようなつもりでしたが、次第に個人の内面に入っていく作品に興味が移っていきましたね」（二〇頁）と述べている。岡本にとって、『チコタン　ぼくのおよめさん』が、文明批判から個人の内面を描くものへの丁度過渡期の作品と見ることができるだろう。

ではまず文明批判とされている側面について見てみたい。チコタンが交通事故で亡くなった後のシーンである。男の子の心理表現が凄まじい。それは次のようなものである。

男の子が壁の隅に向かっている様子が描かれる。口がきつく結ばれ、手は膝を強く握りしめている。顔を上に向け、泣いている。一転して体が小さく丸まってゆく。そして怒りの顔で振り返る。その顔のアップ。「誰だ」と難詰する。男の子の目には涙がにじみ、涙が流れ落ちる。色のついていない人々の集団が手前に歩いてくる。チコタンを殺したのは誰だと難詰する声と一緒に。人々の集団にカメラが近寄ると、人々は口を開け、歯を見せる。さらに集団にカメラが近づく。不気味な顔の目のところが赤色と黄色の信号に変わる。青色も混じる。赤色、黄色、青色の信号の点滅が集団の目のところに見える。不気味な様子である。集団の人々が黒い塊に変身し、全体が黒く塗りつぶされてゆく。目のところだけが全て赤くなり、赤信号となる。

床に突っ伏している男の子が顔を上げ、叫ぶ口がアップとなり、口の中は赤黒く、赤の中に黒い闇が重なっている。男の子の心の暗黒が示されている。

男の子はチコタンの死に直面し、人々の集団をロボットとして見るようになった。この表現は交通事故を告発するというよりも男の子の悲嘆と攻撃性の表現の方が強いと思われる。男の子の心理的な体験の表現である。こうした体験では日常生活の自明性が失われ、自明性の裂け目が見られる。

日常生活の中で生じる自明性の裂け目の中で、他者をロボットに見てしまう体験を渡辺（2009）は紹介している。それは、『麦笛』（増田、1986）という作品の著者の増田みず子が、付録対談の中でした発言の引用である。

「もしかしてこの世にいきているのは自分だけじゃないかというような、それで周りで動いている人間たちは、ほんとは何も考えていないロボットみたいなものじゃないか。」（一四頁）

また渡辺が引用している高石（2003）の自我体験調査の事例4についても見てみたい。

「私は小学校に入る前ぐらいからずっと、自分以外の人は家族も友だちもみんなロボットで、私だけが人間なんだと思い込んでいました。みんなが私を監視していて、バスとかも私が見ている時だけ走っているけどそれ以外の時は動いていないんだと思っていました。この不信感はすごく根強くて、小学校の中学年か高学年ぐらいまでぬぐえなかったと思います。」（一八五―一八六頁）

このように渡辺の提唱する自我体験の一つの体験として、日常の自明性が疑わしくなり、自分についての違和感が生ずる際に周囲のものをロボットとして体験することが語られていた。これらは男の子が集団をロボットとして見ているのに似ている。ただ引用した体験は日常の中で自然に生じてきているものであり、男の子のように親しい女の子が交通事故で死んだということの反応として起こっているわけではない点は異なっている。

この点に関し、第5章で自我体験のきっかけとして「いじめ」や「死」があることについては渡辺（2009）を引用しながらすでに述べた。ここで思い出されるのが、今敏監督が手がけたTVアニメーションの『妄想代理人』（2004）（原作：今敏／脚本：水上清資／制作：マッドハウス／製作：「妄想代理人」製作委員会）の第2話である。第2話の主人公の鯛良優一は学校でいじめに遭い、現実が歪んで見えるようになってしまった。

しかしいじめや死に遭遇しない中でも同様な体験は起こる。例えば、臨床心理士の西村（2004）はアニメーションを読み解いて思春期の心のありようを紹介している本の中で、境界性人格障害のハナさんの体験を紹介している。

「あるとき、ハナさんは次のような病的体験を語った。『最近、街を歩いていると、風景がゆらゆらゆれて、民家が怪獣の顔のように見えることがある。大きな口をあけて、私をのみこもうとしているようで、怖くてしかたがない』。」（一二一頁）

ハナさんは、ロボットではなく「民家が怪獣の顔」に見えるといった体験を持った。この体験は男の子の体験に類似している。ハナさんの体験は境界性人格障害に見られる一過性の精神病性の体験である。さらに中安ら（2017）は初期統合失調症の症状の一つである現実感喪失の陳述例を次のように紹介している（カッコは医師の質問内容）。

「買い物をしているとき、人がテレビの画面に写っているような。（もっと説明して？）たとえば、商店街の取材のような……。自分はテレビを見ていて、商店街にテレビカメラが入っていく感じ。ぼんやりしている。（人がロボットのような？）無気質なもの。（生きとし生ける物という感じがしない？）生活臭なく、人畜無害という感じ。生け贄の中の魚が泳いでいるのと同じ。」（九八頁）

男の子の体験した荒々しさはここにはないが、初期統合失調症の中には外界に生気を感じず、人をロボットのように感じる患者がいることが理解できる。さらに西丸（1968）は、人がロボットのように歩いているように見え、ロボット人間が作られていると思い込んだ統合失調症（旧名称は精神分裂病）を紹介した。このように日常の自明性の裂け目はさまざまな状態によって生じ、しかも人がロボットに見えるといった類似した体験を伴っていた。男の子の場合は、チコタンの交通事故死がきっかけであった。その体験の衝撃のために、日常の自明性が綻び、現実の知覚が歪んでしまった。

男の子はチコタンの死に遭遇し、人々がロボットに見えること以外に、アニメーションをよく見ると闇の体験もしていることが示されている。目の前が真っ暗になる体験である。この男の子の闇体験と同様な体験が、男の子よりも年齢の高い人に生じている。神谷（１９８０ａ）は、結婚を約束した男性の死に出合った女性の手記を報告した。それは次のようなものであった。

「ガラガラガラ。突然おそろしい音を立てて大地が足もとからくずれ落ち、重い空がその中にめりこんだ。私は思わず両手で顔を覆い、道のまん中にへたへたとしゃがみこんだ。底知れぬ闇の中に無限に転落して行く。彼は逝き、それとともに私も今まで生きて来たこの生命を失った。」（一〇二頁）

神谷の引用は、愛するものの死に遭遇した後の闇体験であった。また神谷（２０１４）の「絶望の門」という詩の中で愛する人を失った悲しみが詠われている。一部引用してみたい。

「その日、私の天地は崩壊した。

もはやとつぐことも考えられない

聖なる教えはそう私に告げた

ひとり、どうやって生きよう
前途はしっこくで、道をぬりつぶしていた」（五七頁）

愛する者の死に遭遇し、漆黒の闇体験を持ったのである。チコタンの死に遭遇した男の子も、闇を体験していた。愛するものを失った闇の体験は普遍的なものなのであろう。

しかしここで注目すべきは、岡本は、処女作の『ふしぎなくすり』からはじまってそれまでは軽妙な、ユーモアあふれた作品を作り続けてきていたということである。それが『チコタンぼくのおよめさん』において、死を直視するような作品を作った。大きな変換が起こったと見ることができる。

岡本はこの時39歳であった。中年期に達した岡本が、死を、意識して作品を作るようになったのである。ここで紹介するその他の作品も、後述のように、死に深く関連している。子ども向けの作品であるにもかかわらず、死を描き込むところに、死は生と緊密な関係をもつものであるという岡本の認識があるのであろう。その意味では、『日本アニメーション映画史』（山口・渡辺、１９７７）の中で語られているように、高度経済成長期の交通事故という文明批判の要素はあるとしても、岡本の作品は、子どもが死に直面することによる心理的な体験の普遍的な一面を捉えているともいえよう。死の問題を厭わずに子ども向けの作品の中に描き続けた岡本は、生と死は一体のものとして子どもたちにメッセージを送り続けたことになる。ゴードン（１９８９）は心理的な成長について次のように述べている。

「心理学的成長と発達、一般的な自己完成は、死の事実を意識的に認めることなしには考えられないように思われる。」（五頁）

つまり岡本は自身の作品の新たな展開のために、作品の中に死を取り込んでいく必要性を感じたのであろう。それが岡本の言う「次第に個人の内面に入っていく作品に興味が移っていきましたね」ということに関連していると思われる。岡本は死のような衝撃的な出来事であっても詩的に表現することができると考え、『チコタン　ぼくのおよめさん』の中に見られるように死への男の子の強烈な反応を描いて見せたのであろう。

2　初恋

『チコタン　ぼくのおよめさん』では、初見の時に衝撃を受けた死の表現を先に触れたが、この作品そのものは初恋を描いたものである。チコタンに恋をした男の子の初々しい心の動きがテンポの良い、飛躍の大きい動きの中に示されている。短編アニメーションの面白さは、詩的な連想の飛躍の妙にある。例えば、男の子がチコタンにメモを渡そうとするシーンを見てみよう。

それはこんなシーンである。

男の子とチコタンの二人の画面で、男の子は、半ズボンのポケットの中に何かを探している。ポケットは穴が開いて、手が突き出てしまう。驚いているチコタン。飛んだり、跳ねたり、股のぞきしたり、服をぬいだりして、遂に紙を見つけ出し、喜ぶ男の子。チコタンはポカンとしている。その紙には「やくそく」と書かれた文字が見え、チコタンがお嫁さんになってくれるなら約束したいことがそこには記されていた。男の子はそれを読み上げる。勉強する、よい子になる、掃除をサボらない、鼻くそを飛ばさない、女の子を泣かさないといった内容であった。男の子の顔のアップになり、目をつむり、右手を上げて絶対誓うと宣言する。花畑の場面になり、チコタンと男の子が蝶となって二人で舞っている。今度は鶴に変身し、チコタン鶴と男の子鶴が、二人並んで片足を上げて水の中に立っている。男の子鶴は首を水の中に突っ込んで、大きく水しぶきを上げる。今度は虫に変身し、一枚の葉の上にチコタン虫と男の子虫が這っている。二人は目を見合わせている。次はリスになって木の上にいる。チコタンリスと男の子リスである。枝の上のチコタンリスを目にしながら男の子リスは枝の上を動き回って嬉しそうである。チコタンリスの前に来て、男の子リスは僕のお嫁さんになってくださいと言う。元の場面になって男の子が約束の手紙をチコタンに渡して、飛び上がってしまう。そしてそのまま遠くにかけて行ってしまう。自分の心の内を異性に打ち明けるのがいかに大変か、それがいかに一大決心であるかがよくわかる。男の子はチコタンに手紙を手渡すことの心理的な大変さを、蝶、鶴、虫、リスといった生き物に変身して一緒にいることで表現した。これらの生き物は男の子の自我の変容した姿であろう。すべての生き物の中に男の子の感じる初恋の喜びが投影されている。

こうした初恋の体験について、神谷（１９８２）は次のように述べている。

「初恋の人は神秘体験をする人にも似て、世界は彼にそれまでとは一変してみえてくる。突然こころが一点を中心として無限のひろがりを持つように感じられ、その新しい世界ではすべてのものが新鮮な色どりと輝きをおび、恋の相手はいやが上にも美しくまぶしく見える。恋する人が他人から見ても急にいきいきと美しくなるのは、科学的にいっても根拠のあることであろう。」（一〇八頁）

神谷のいうようにチコタンに出会った男の子は世界が新しく光り輝くようなものとして拡張された体験をしていた。異性との出会いが、男の子にとって、自我が生き物にまで変容してしまうほどの素晴らしいものであった。

岡本忠成は男の子の初恋といったような異性との出会いばかりでなく、日常世界の中で、世界が美しく変容するような体験を持つことができることも示している。それが『モチモチの木』である。

3　木の輝き

『モチモチの木』は、斎藤隆介の原作をアニメーションにしたものである。人形浄瑠璃の語りもののように脚色され、三味線に合わせて語りが物語を進める。和紙の質感を出し、人形は身体の部分が動くように作られている。主人公豆太は5歳の男の子、夜中に一人で便所に行けないほど臆病であった。便所は家の外にあり、家は峠に立っている一軒家である。豆太は爺様と二人だけで暮らしていた。

こんな豆太がある時必死にならないといけない事態が生じる。夜中に何やら唸り声がする。声に驚いた豆太がギョッとして目を覚ます。見ると爺様が腹を抱えて苦しそうに呻いている。爺様は豆太に心配させまいと、ちょっと腹が痛いだけと言う。豆太はただ事でない、医者を呼ばなくてはと思う。豆太は戸を開け倒して飛び出してゆく。普段ならば半日もかかる麓の村まで寝巻のまま豆太は走る。

一転して、豆太は年老いた医者様に背負われている。医者様は、ねんねこ半纏に薬箱をもち、豆太を背負って、峠道をやって来た。空から雪が舞ってくる。豆太は半纏から顔を出し、降り出した雪を見ながら、老い先短い爺様のことが気になってしまう。やっと家にたどり着いた。入口のところで豆太は振り向いた。そこには雪が降っている中に、家の前の、モチモチの木に明るい火が灯っている。ビックリして豆太は、モチモチの木に火がついている、と声を上げる。しかし医者様は、冷静に、栃の木の後ろに月が出てきて、星が枝の間から光って見えているのだと言い、さらには、雪が降っているから明かりがついたように見えるのだ、と言う。

このように豆太は、普段見慣れた木が、ある瞬間に、夜なのに明るく輝く様子を目にしたのであった。医者様には、木は普通の木としか見えていないようなので、豆太独自の心理的な体験である。こうした体験を西村（１９７８）は自然と調和し、自然に守られているような自我体験として紹介している。自我体験については死をきっかけとして自明性の綻びが起こるような体験として先に述べた（渡辺、２００９）が、ここでは爺様が死んでしまうかもしれないという恐れはあったとしても、死そのものに接したわけではない事態で、豆太は木が光り輝く光体験を持った。西村が参照していたのは、神谷（１９８０ｂ）の若いころの次のような体験であった。

「このころのことで、今考えてもどうしてだかよくわからないことがある。お転婆な女の子であった私が、夕方になると必ずひとり自転車に乗って坂を降りる習慣があった。ぶどう畑が段々になっている山の斜面をくねって行くと、やがてある曲がり角に出て、レマン湖が一望のもとにひろがって見える。鏡のような水の面に乱れとぶかもめの群。湖のかなたにひときわ高くそびえるアルプスの一峰ダン・デュ・ミディ。その山の雪の色が夕映えとともに刻々と変って行くふしぎな姿を飽かずに見守りながら、じっと立ちつくしていた。これが美というものだろうか。美を味わうこともできないと思っていた私は、大自然にとけこみ、一種の畏れにも似た気持ちにみたされていた。」（三六－三七頁）

「一種の畏れにも似た気持ち」とあるように、自然と調和しながらも、この世ならぬ世界を体験しているのであろう。後年の神谷（１９８０ｃ）は、さらに自分を鼓舞するために山の稜線を見ると述べている。

「無力感にうちひしがれるとき、私は好んで山の稜線に目をあげる。そこには一本または数本の木が立っていればなおさらよい。木々の間を通してみえる空は神秘的だ。その向こうには何が――との思いをさそう。

ことに夕焼けの時など、山が次第に夕もやの藍に沈んでゆくと、稜線に立つ木の枝がくっきりとすかし模様をえがき、それを通して、この世ならぬ金色《こんじき》の光がまぶしく目を射る。地上にどんな暗いものが満ちていようとも、あそこにはまだ未知なもの、未来と永遠に属する世界があると理屈なしに思われて、心に灯がともる。」（一一三頁）

神谷には、木の向こうの太陽が「この世ならぬ金色の光」に見えて、「心に灯がともる」のであった。豆太が体験したのはモチモチの木の向こうに月の光があり、雪景色の中で、木に火が灯ったと見えたのであり、その灯りは、神谷の体験のように「この世ならぬ金色の光」なのであろう。

神谷では若いころの自然に見守られているような体験が、後年の、彼女の無力感に襲われた時に、それを脱する方法として生かされていた。これに対し豆太の体験は、父親も祖父も小さい子どものころに持ったものとして語られている。つまり山に住む者にとっては、モチモチの木に火が灯るような体験は、基本的な体験なのであろう。そうした自然との深い交感が、山に生きるためには必要なのであろう。

しかしそればかりではなく豆太はそれまでもモチモチの木に時折語りかけていた。それはつまり、モチモチの木が豆太の存在を支えているものとしての意味があったということである。

強制収容所の体験を記述したフランクルの『夜と霧』（１９６１）の中で、死にゆく女性が木と語り合う感動的な記述がある。

少し長いが引用してみたい。

「この若い女性は自分が近いうちに死ぬであろうことを知っていた。それにも拘わらず、私と語った時、彼女は快活であった。『私をこんなひどい目に遭わしてくれた運命に対して私は感謝していますわ。』と言葉どおりに彼女は私に言った。『なぜかと言いますと、以前のブルジョア的生活で私は甘やかされていましたし、本当に真剣に精神的な望みを追ってはいなかったからですの。』その最後の日に彼女は全く内面の世界へと向いていた。『あそこにある樹はひとりぼっちの私のただ一つのお友達ですの。』と彼女は言い、バラックの窓の外を指した。外では一本のカスタニエンの樹が丁度花盛りであった。病人の寝台の所に屈んで外をみるとバラックの病舎の小さな窓を通して丁度二つの蝋燭のような花をつけた一本の緑の枝を見ることができた。『この樹とよくお話しますの。』と彼女は言った。私は一寸まごついて彼女の言葉の意味が判らなかった。彼女は譫妄状態で幻覚を起しているのだろうか？　不思議に思って私は彼女に訊いた。『樹はあなたに何か返事をしましたか？――しましたって！――では何て樹は言ったのですか？』彼女は答えた。『あの樹はこう申しましたの。私はここにいる――私は――ここに――いる。私はいるのだ。永遠のいのちだ……。』」（一七〇－一七一頁）

フランクルは、強制収容所において内的な拠り所がなくなることによって崩壊してゆくことを実感し、ここに引用した死にゆく女性にとって木が内的拠り所になっているのを確認し、その詩的な体験に感動しているのである。この女性と豆太は年齢も置かれた状況も大きく異なるとはいえ、どちらにおいても木が心の拠り所になっている点は共通しているように思える。

このようにアニメーションは、自然との深い交感が、生きることとの心理的な支えになることを詩的な表現の中で示してくれている。それを5歳の豆太に体験させている。すごいことである。

4　内なる自然

『南無一病息災』も、斎藤隆介の『なんむ一病息災―病気で寝ている小さな子へ―』が原作である。物語はほぼ原作通りであるが、語りはフォーク歌手の及川恒平が担当している。鬼や病、そして死が、フォーク歌手の歌と語りによって、軽妙な世界のものとなり、また庶民の望みの支えとなっている絵馬のキャラクターが使われていることで、それらの生々しさは抑えられている。原作と異なるのは、アニメーションは、病気で寝ている女の子から始まるところである。女の子の名前はヒロコ。病気のヒロコの枕元には薬が置いてあり、飲み水も用意してある。語りがヒロコの胸に青鬼、赤鬼が住んだとしても心配はないと語りかける。

ではアニメーションではどのように心配ないと表現しているのであろうか。

それは登場人物の一人、与茂平の生き方を見るとわかる。

青い子鬼はあわてん坊でおっちょこちょいと語られ、与茂平が木の下を通りかかったのをいいことに与茂平に憑りつく。与茂平は右の胸を病んだと語りが入る。与茂平はせんじ薬を飲んで、苦い顔をする。その与茂平の顔のアップ。そこから胸元にカメラが下りてくると、胸のところが観音開きになり、憑りついた青鬼が見える。青鬼が動くのに同期して与茂平も身体を動かし、咳をする。鬼が胸で動くと与茂平も同じように動く。咳をし、痰を吐き出す。横になっている与茂平の胸のところが観音開きになり、鬼も横になっているのが見える。その前には蜘蛛の巣が張っている。何年も何年も、と語りが入るのに合わせて蜘蛛が糸を伝って降りてくるのが見える。与茂平の胸の中でのことである。与茂平の手にしている猟銃の銃口にも蜘蛛が巣を張り、糸を伝って降りてくる。

このように与茂平と、彼の胸の中の青鬼は同期しているように、同じ姿勢をしている。青鬼が病とすれば、与茂平は病と張り合わずに共存している。しかも胸の中にいる青鬼について意識している。それはせんじ薬を飲んで、苦い顔をすることで知られる。

神田橋（１９９９）は、精神科の患者に対して具体的な養生法について語っている。その一番基本的なこととして挙げているのが以下のようなことである。

「養生の方法の中でいちばん大切な基本は、注意を内側に向けることです。養生とは自分の内側を整え、よい状態を作り・たもつことだからです。わたくしたちは、生活の必要上、外側へ注意を向けることを毎日し続けています。その分、内側つまり『いま・ここ』の心身を無視しています。これを永年続けていると、『気持ちがいい』『気持ちが悪い』を感じるのが下手になってしまいます。ですから、内側を無視するこころの構えは、養生とは反対の方向です。」（二七頁）

つまり神田橋の挙げている養生の基本を、与茂平が行っていると見ることはできないだろうか。身体の内面に向けての関心を持ちつづけ、青鬼と共に老いてきているということである。さらに外への関心も与茂平は強くはない。

与茂平は炉端で、酒徳利から湯飲みに酒を注ごうとしているが、中は空っぽ。目の前のお盆には食べ終えた茶碗と沢庵がのっている。与茂平の生活は非常に慎ましい。酒徳利の口もやはり蜘蛛の巣が張っており、そこから蜘蛛が糸を伝って降りてくる。それを与茂平が見ている。与茂平の目は、蜘蛛に向いている。蜘蛛がさらに糸を伝っておりるのを与茂平は見ている。それに合わせて、与茂平は細々としか食べられず、酒をちびちびとしか飲めず、つまらなかったと語りが入る。つまらなかったという語りが入るにしても与茂平の生活態度は、暴飲暴食をせず、身体をいたわるものであった。要するに、青鬼を活発にするようなことは全くしていない。

覇気のない与茂平が、病を得ながら長生きした。いや、アニメーションでは、病があったからこそ、長生きできた、と描いているように見えた。そのため、少しぐらい病があった方が、長生きできる、と思ってしまった。以来、「一病息災」が私の中でのモットーになった。「無病息災」では完全の健康体を暗示され、達成が難しいと感じられるが、「一病息災」であれば、少しぐらい病があっても大丈夫といった妙な安心感につながった。

しかしアニメーションをよくよく見れば与茂平は、前記のように、病に対する養生をしていたのである。与茂平は自分が弱いことを自覚しているので、薬を煎じて飲む。咳も出るので、無理をしない。そのため猟銃には蜘蛛の巣が張っている。酒の飲みすぎはなく、過食ももちろん美食もない。こうして見えてくるのは、与茂平は、自己の体内の鬼の状態に対する理解が優れているということである。

鬼を病（あるいは死）の象徴と考えれば、与茂平はその鬼と共存する方法を会得した。その方法は、病を駆逐しようとするのではなく、病は病として置いておいて、今現在のできることをするというものである。こうした与茂平の養生について示唆的な発言がアウレーリウス（１９５６）の『自省録』の中に見出せる。

引用してみよう。

「エピクーロス曰く『私が病気だったとき、私の話は肉体の苦痛に触れることなく、面会にくる人びとにも決してそういう話をしたことはなかった。私は自然に関する学問の原理の探究を続け、特につぎの問題に重点をおいた。すなわち、いかにして精神は、肉体の中の動揺に参与しながら、しかも動ずることなく自分自身の善きものを保って行くか、ということである。』更に彼がいうには、『そして私が医者たちに、彼らがなにかえらいことでもしでかしているかのように得意になる隙を与えず、こうして私の生活は仕合せに、楽しくすぎて行った。』

君がもし病気なったら病気のときに、また他のいかなる場合にもこの人にならうがよい。なぜならいかなる困難に出遭おうとも哲学から離れぬこと、および無知な者や自然の学問をわきまえぬ者のお喋りにつきあわないことは、あらゆる学派に共通な原則である。……現在君のしていることにのみ身を入れ、またそれをやる道具にのみ注意を向けよ。」（一五八―一五九頁）

少し長い引用になったが、ここで言っているのは、病は病として受け入れておいて、目の前にあるするべきことにのみ注意を集中せよ、ということである。しかしその前提として、「肉体の中の動揺に参与しながら」ということが求められ、「自分自身の善きものを保って行く」ということがある。

「肉体の中の動揺」は与茂平で言えば、胸に住みついた青鬼のことである。その様子を注意深く観察しながら、身体の良いところを保って行く。言い換えれば身体の中という「内なる自然」（神谷、1980c）に対して、無理な抵抗を示さず、あるがままにして、そういう状態に内なる自然を保ちながら、外的環境、要するに「外なる自然」（神谷、1980c）に適応してゆくということである。内なる自然との交流が必要なのであった。

これに対して内なる自然を無視し、暴飲暴食を続けたもう一人の登場人物の五郎市は、赤鬼に憑りつかれた途端に死んでしまったのであった。

5　意識の変容体験

『おこんじょうるり』のきつねのおこんがうなる浄瑠璃は、DVDの「岡本忠成作品集Vol．3」の作品解説によれば、「浄瑠璃や文楽の義太夫節ではなく、イタコの語り口や瞽女《ごぜ》の唄い方などを参考に曲想を煮詰めていった」ということである。この作品では楽しさと淋しさとが一緒になっている。老人の孤独、そして死が描かれる。泥人形のような人形でアニメーションされている。

ここでは抑うつ状態から元気を回復する場面に注目してみたい。

瞽女の婆様は、あの世から死んだ人の魂を呼び寄せ、天気や田畑の出来を占ったり、病気を呪いで直したりする仕事をしていた。しかし今、婆様の家には、蜘蛛の巣が張っている。その向こうに神棚が見えるが、ローソクの火は消えている。しばらく使われていないらしい。

カメラが横に移動すると寝ている婆様がいる。半月も寝たきりであると、婆様自身の声で、人の病を治すおらあがこんな有様では終いだ、と語られる。なぜ寝たきりになったのかの顛末が、人形ではなく、絵のアニメーションで描かれる。婆様の占いがことごとく外れ、失敗したために、生きる気力を失い、抑うつ的になっていたのである。

山の端には月が輝いている。家の前のススキの穂が見える。それを狐が飛び越えてゆく。狐が婆様の家に入り込んでくる。

物音に気づいて、狐だと婆様は思う。婆様は家の中の食べ物のありかを狐にすべて教える。そして婆様は家にある食べ物はこれで全部だと言い、用が済んだら山に帰れ、と言う。

しかしこの時、狐はそれに答えて、お前様に用がなくてもおらにはある、と言うのである。

狐は婆様の前で女太夫おこんの姿になる。そしておらの浄瑠璃を聴いてくなんせ、と頼む。おこんは浄瑠璃を唄い始める。夜の闇、病は果てしないものに思われるが、明日の山の端に上りくる日輪に、といった唄が歌われる。そして春の霞か夏の露はいつしかどこかへ消えてゆく、と続く。婆様はその歌を聞いている。三味線の曲に合わせて婆様の身体が動き始める。調子が高くなると婆様の身体の動きも激しくなっていく。日輪がキラキラと輝いている様子を唄い始めると、その日輪を中心に鳥や植物が輪になっているイメージが浮かぶ。野菜や動物たちもその中に見えてくる。おこんの浄瑠璃の調子がさらに高くなると、その日輪のイメージが回転を始める。日輪が照るのは命育む滋養の矢、それを受けると手足がほかほか温まる、と歌が続くと、婆様はいつの間にかニコニコ顔で手を動かしている。胸の内より力満ち、溢れてくると歌われると、婆様は手を広げて、胸を開く。そしてなんと歌が終わると同時にひょっこりと立ち上がる。

婆様の見た日輪を中心とした鳥や動物の輪になる曼荼羅は、日輪が全ての生命を育んでいるというイメージであり、その日輪の力は婆様にも及んでいると気づかせてくれる。日輪のイメージが婆様の抑うつ気分を打ち消し、死から生へ意欲を盛り立てた。

こうして婆様は、元通り、シャキッとなった。おこんの浄瑠璃は心の病を治す力があったのである。おこんは、これで少し恩返しができたと言う。

この場面を見てみると抑うつ的になっていた婆様が、狐の浄瑠璃を聞いて、太陽のイメージを思い浮かべ、その光り輝くイメージは、婆様を元気づけ、横になっていた婆様の身体をひょっこりと立ち上がらせ、婆様の身体を元気にしてしまったということになる。身体が動かなかった婆様の身体が一気に動くようになったのであり、それと同時に心も軽くなった。婆様が生きがいを失ってしまっていたのが、新しく生きる力を得たのであり、生きがいを回復した。

こうした時に何が起こるかについて、神谷（１９８０ａ）は次のように述べている。


「ひとたび生きがいをうしなったひとが、新しい生きがいを精神の世界にみいだす場合、心の世界のくみかえが多少とも必然的におこる。」（二三四頁）

さらに神谷は次のように言う。

「変容体験が急激に、強烈にあらわれるときには、しばしば光の体験を伴う。」（二四五頁）

つまり婆様が見た太陽の光輝くイメージは、変容体験に伴う光体験なのであろう。婆様の意識が抑うつ的なものから新たなもの（前向きなポジティブなもの）に変容した。

こうして婆様とおこんの生活が始まる。

6　イメージの力

ここで取り上げた岡本作品は、いずれも個人の体験するイメージの強烈さに印象づけられる。『チコタン　ぼくのおよめさん』では男の子はロボットのように変容し、信号灯のように点滅する目を持った行進する人々のイメージを見ることになり、また暗黒を体験した。

その一方で、初恋の際にはさまざまな生き物になってしまったイメージを思い浮かべていた。『モチモチの木』では、モチモチの木に火が灯るようにイメージを持った。

『南無一病息災』では、与茂平は自分の胸の中に巣くう青鬼をイメージしていた。

『おこんじょうるり』では、婆様はおこんの語る浄瑠璃によって日輪が輝くさまを眼前にイメージした。

こうしたイメージは、いずれも個人の心理的な状態を反映しているものと思われる。そしてそれらは先人の体験した心理体験の中に参照可能なものがあった。つまり人間に普遍的と思われる体験をアニメーションが、個性的なイメージとして定着して見せてくれていた。岡本（1971）はアニメーションとは詩のようなものと言っていたのであり、その言葉どおりにアニメーションの詩的表現の一つに強烈なイメージの提示があった。

日本の劇場アニメーションでは、豊穣なイメージ世界は、異界であり、無意識の世界として提示されることが多い。本書で語った作品を例にとれば、『風立ちぬ』におけるカプローニと二郎の夢の世界、『天気の子』の天の世界、『千年女優』の千代子の語りの世界が相当しよう。

岡本の短編アニメーションは、イメージ世界は、劇場アニメーションのようにことさら異世界や無意識世界を設定しなくとも、日常生活に隣接したところに、日常的に出会えるものであることを示している。さりげなく日常の中に突出してくるのである。

例えば『チコタン　ぼくのおよめさん』のロボット体験も、表現は、非常に強烈なものではあるが、自我体験に関連していると思われ、それは一時的な自我の不連続感であり、今までと何か違うと感じる自己の意識である。しかし病理的な世界に入り込み、そこに閉じこもるたぐいのものとは思えない。というのもそれまでの男の子は初恋の喜びを多様な生き物の中に投影するほどの活発さを示し、紹介はしなかったが、男の子はチコタンとの結婚を連想し、魚屋を継いで一家を支えることをイメージしていたのであり、壁に顔を向けて嘆き悲しんでいるところに母親は食事やケーキを運んで来てくれていた。

短い表現の中で、男の子の心理的な展開が健康的であり、しかも親にしっかり支えられていたことが暗示されていた。

こうした親の支えの暗示されているところでロボット体験が表現されているのであり、この体験に対しても親の支えが期待される。つまりロボット体験のようなネガティブなイメージに晒されても、そこから日常に回帰する道筋が、用意されていると思われる。安心してアニメーションを見ていられる所以である。

『モチモチの木』の豆太は、モチモチの木に火が灯ったのを見て、父親や爺様のように立派な猟師になるかと思えば、まだ5歳であるために、次の日にはいつものように蒲団に寝小便をして爺様を困らせる。イメージの世界に入り込んで、そこから出てこないのではなく、いつもの日常に戻り、いつもの体験をする。

とはいえ、火が灯るイメージを体験したことは、5歳であろうと、心理的な支えが心の中に作り上げられたことには変わりない。

『南無一病息災』の与茂平は、青鬼を胸の中に住まわせながら、妻をめとり、子どもをもうけ、年老いて亡くなった。家族は与茂平を埋葬し、村の人たちは、朝起きて与茂平の名を呼んでお祈りするようになった。与茂平が、村の人たちの生き方のモデルになったのである。与茂平は、青鬼のイメージと適切な距離を取り、弱いながらも工夫して、日常を過ごした。イメージに憑りつかれるわけでもなく、それを拒否するわけでもなく、それはそれとして日常に明け暮れたのである。

『おこんじょうるり』では、婆様は日輪をイメージし元気を回復し、おこんと暮らすようになり、おこんの浄瑠璃が村人の病気を治す効能を持っていたので、以前よりも豊かに生活できるようになった。浄瑠璃の効能を聞きつけた城のお殿様が、婆様を呼びつけて、娘の病気の治療をさせる。娘は良くなって沢山の褒美を受け取った婆様は、馬子に褒美を見られてしまう。欲にかられた馬子に襲われるが、婆様の背中のおこんが飛び出して馬子を驚かせたので助かった。

しかしおこんは、死んでしまう。助かった婆様は、おこんに縋りついて泣く。

おこんが死を迎えたのは婆様を救うためであり、そのおこんは、死の間際に、婆様から浄瑠璃を聞かせてもらって嬉しいといって亡くなった。

残された婆様には、大きな悲しみが残ったとしても、おこんが満ち足りて亡くなったように見えたのであり、当の婆様にしてもその後穏やかな表情をして亡くなったと語られ、さらにはおこんの浄瑠璃が聞こえていたのであろうと結んでいる。

つまり婆様とおこんの共同生活について婆様の側から見れば、婆様がおこんとのファンタジー世界へ入り込んでいるようなものである。こうした生活は、『風立ちぬ』の二郎とカプローニの夢の世界に共通する異次元での生活ということになろう。映画『若おかみは小学生！』であれば、おっことウリ坊の自明性の裂け目の世界である。

しかし婆様は、その世界に浸り込んではいられなかった。おこんの死を迎えたのであり、結果的に、婆様は元の日常に戻ったということになろう。この日常はアニメーションでは描かれてはいないが、その後穏やかな表情をして亡くなったと短く語りが入ることで、婆様の日常が満ち足りていたことを想像させる。婆様が、おこんとのファンタジーの世界に入ったとしても、そこでの体験を胸に刻みながら、日常に戻り、静穏に暮らし、そして亡くなったことが想像される。

一方で、『おこんじょうるり』の原作のさねとうあきら（1974）では、婆様は、おこんが亡くなった後、殿さまにもらった褒美で何の不自由もなく暮らし、婆様の家には狐が沢山住みついて、狐に浄瑠璃を教える声が聞えたと語っている。婆様は狐長者と呼ばれるようになったのである。さねとうあきらの絵本では、婆様は、ファンタジーの世界（狐との共存の世界）に入ったまま、日常に帰ってこなかったと語っているようなのである。こうした展開は、『風立ちぬ』や『天気の子』と同様と思われる。

これに対し、岡本はファンタジーの世界に入ったとしても、日常に戻ってくるべきだと思っていたのである。日常の中でいかに生きるかが大事なのである。

岡本作品は、これしかないと思えるほどのイメージの的確な表現を示し、人間の生の根源的な要素を掬い出してくれた。そのイメージは我々の日常生活を豊かにするようなものの見方のモデルを示してくれる。岡本作品のイメージを胸に日常に立ち返れば、何気ない日常の中に豊かな発見が起こってくると期待される。病との付き合い方もその一つであった。イメージが我々の現実生活における前向き行動力を導く指針となってくれているのである。日常目にする普通の木であっても、そこには『モチモチの木』のように根源的な存在感があり、生きる支えになる。

神谷（2004）は、日記の中で次のように書いている。

「お使いの途中、いちょうのまばゆいばかりの王者のごとき姿を仰いであの樹一本をゴッホの様に描き出せたら、もうそれで死んでもいいのだな、と思った。生きているイミというのは要するに一人の人間の精神が感じとるものの中にのみあるのではないか。」（三〇七―三〇八頁）

このような文章が示していることは、我々が感じとる木に対する畏怖の念が、即生きる意味となっている、というようなことであろう。岡本が示したアニメーションは、我々の日常で出合うものには、そうした畏怖の念を起こさせるものがあることを思い出させてくれる。さねとうあきらの示した「狐長者」と言われるような金持ちになることも一つの願望充足であることは確かであり、多くの者が望んでいることではあるが、岡本の関心はそうした願望充足とは一線を画した全く別のこと、すなわち魂の充足を描くことにあったと思われる。

【第6章　引用文献】

アウレーリウス・M（神谷美恵子訳）1956　自省録　岩波書店
フランクル・V・E（霜山徳爾訳）1961　フランクル著作集1　夜と霧　みすず書房
ゴードン・R（氏原寛訳）1989　死と創造　創元社
神谷美恵子　1980a　神谷美恵子著作集1　生きがいについて　みすず書房
神谷美恵子　1980b　神谷美恵子著作集9　遍歴　みすず書房
神谷美恵子　1980c　神谷美恵子著作集2　人間をみつめて　みすず書房
神谷美恵子　1982　神谷美恵子著作集3　こころの旅―付・本との出会い―　みすず書房

神谷美恵子　２００４　神谷美恵子コレクション　生きがいについて　みすず書房

神谷美恵子　２０１４　うつわの歌新版　みすず書房

神田橋條治　１９９９　精神科養生のコツ　岩崎学術出版社

増田みず子　１９８６　麦笛　福武書店

中安信夫・関由賀子・針間博彦　２０１７　初期統合失調症新版　星和書店

西丸四方　１９６８　病める心の記録―ある精神分裂病者の世界―　中央公論社

西村則昭　２００４　アニメと思春期のこころ　創元社

西村洲衛男　１９７８　思春期の心理―自我体験の考察―　中井久夫・山中康裕編　思春期の精神病理と治療　岩崎学術出版社　pp.255-285

岡本忠成　１９７１　岡本忠成―インタビュー―　ＪＡＦＡ日本アニメーション協会機関紙　No.1　p.4

岡本忠成　１９９４　インタビュー　岡本忠成作品集　角川書店　pp.20-23

さねとうあきら　井上洋介イラスト　１９７４　おこんじょうるり　理論社

渡辺恒夫　２００９　自我体験と独我論的体験―自明性の彼方へ―　北大路書房

山口且訓・渡辺泰　プラネット編　１９７７　日本アニメーション映画史　有文社

横田正夫　２００１　苦と悟りのアニメーション作家―川本喜八郎―　日本大学文理学部人文科学研究所研究紀要　62　pp.145-161

横田正夫　２００６　アニメーションの臨床心理学　誠信書房

Yokota, M. 2013 Animation and Psychology: The Middle Crisis of Kawamoto Kihachiro. Yokota, M. & Hu, T. G. (eds) *Japanese Animation: East Asian Perspectives*. University Press of Mississippi, pp.265-284.

Yokota, M. 2020 Interpreting Buddhist Influences in Kawamoto's Puppet Animation: A Psychologist's Reflections and Readings of His Animation. Hu, T.G., Yokota, M. & Horvath, G. (eds) Animating the Spirited: *Journeys and Transformations*. University Press of Mississippi, pp. 137-149.

第7章 アン・ジェフン『にわか雨』

これまで日本のアニメーションについて論じてきた。ここで韓国のアニメーションを紹介したい。しかし日本のアニメーションを論じてきていたのにもかかわらず、韓国のアニメーションが登場することに違和感を持つかもしれない。それには理由がある。

これまで述べてきた日本のアニメーションについて見ると、いずれも不思議な体験をすることになり、場合によっては異世界に入り込んでいたことに気づく。『風立ちぬ』の二郎はガブローニと同じ夢の中に入り込み、『天気の子』の帆高は陽菜が天に昇ってゆく夢を見、映画『若おかみは小学生！』のおっこは交通事故死した両親の姿を目にし、『チコタン　ぼくのおよめさん』の男の子はチコタンの交通事故死で人がロボットのように見えるようになり、『モチモチの木』の豆太はモチモチの木に火が灯るのを見、『南無一病息災』の与茂平は胸に巣くった鬼と共存し、『おこんじょうるり』の婆様は狐のおこんと一緒に住んだ。

いずれの作品でも、日常からかけ離れた体験を描いていた。日常からかけ離れた体験が日本のアニメーションを魅力的なものにしていることは確かである。

しかし、そうした日本の作品の中でも、日常の生活を中心に描いた作品があった。例えば、高畑勲監督のTVアニメーション『アルプスの少女ハイジ』（1974）（原作：ヨハンナ・スピリ／脚本：吉田義昭ほか／制作：ズイヨー映像／製作：フジテレビ）や片渕須直監督の『この世界の片隅に』（2016）（脚本：片渕須直／原作：こうの史代／プロデューサー：真木太郎／企画：丸山正雄／制作：MAPPA／製作：「この世界の片隅に」製作委員会）などである。

『アルプスの少女ハイジ』では、アルプスの山々の美しい背景の中で、ハイジの日常生活が描かれていた。そのハイジは、都会のフランクフルトに連れていかれてホームシックにかかりアルプスの山を幻視するといった心理的な混乱を体験した。『この世界の片隅に』では、第二次世界大戦の最中の日常生活が描かれていた。主人公のすずは日々の生活を慎ましく行っていたにもかかわらず、右手を失うといったショック体験を経て、世界が揺らめいて見える体験をした。日本のアニメーションでは日常生活を描いている中においても、心的な混乱が生じ、現実が歪んで見える体験が、劇的に際立って描かれてきている。

これに対し、ここで紹介するアン・ジェフン監督の『にわか雨』（2017）（制作：ハン・ヘジン／チーフプロデューサー：イ・サンウク／プロデューサー：ハン・スンフン、パク・ジヒョン：制作／鉛筆で瞑想スタジオ）は、心の混乱が生じるようなショック体験のない、まさに日常の中で、少女の見せる振る舞いが美しいと少年には感じられると描かれていた。案山子をゆする少女や、少年を見つけた時の少女の表情など、少女のちょっとした動きの中に少年は美しさを見出していた。

それればかりでなく、五感に働きかけるアニメーションになっていることも特徴に挙げられる。水の冷たさ、虫が顔に当たる感触、大根を齧る苦さ、裸の背中から沸き上がる湯気のぬくもり、庭でいぶされている煙の臭い、膝を擦りむき血が出た時の痛みといったように、冷覚、触覚、味覚、温覚、嗅覚、痛覚をイメージさせるような表現がされている。それればかりではなく、衣服にできた染みや雨が降り始める時にあたりが一気に暗くなってゆく様子といったような日常の変化についても見逃さない。

五感に触れるようなイメージの再現や、服の汚れ、天気の変化などは日本のアニメーションではあまり見られない。

ここでアン・ジェフン監督と『にわか雨』の背景について少し紹介してみたい。

『にわか雨』は、2019年7月27日、シネマ・リーブル池袋を会場に、東アジア文化都市2019豊島のパートナーシップ事業「韓国アニメーション上映会　夢見るコリア・アニメーション2019」で日本初公開された。作品上映後、『この世界の片隅に』の片渕須直監督とのトークショーが開催された。アン・ジェフン監督の長編は、『Ｇｒｅｅｎ　Ｄａｙｓ　大切な日の夢』（２０１１）（共同監督：ハン・ヘジン／脚本：ソン・ヘジン）と『そばの花、運のいい日、そして春春』（2014）（原作：「そばの花の咲く頃」イ・ヒョソク／原作：「運のいい日」ヒョン・ジンゴン／原作：「春・春」キム・ユジョン）が日本で公開されている。『Green Days　大切な日の夢』は11年かけて制作され、韓国において初めて韓国のアニメーションスタジオの名前で公開されたということで100以上の劇場公開となったが、アニメーションでは異例の寡占法に触れることとなり、公開2日目にして劇場数を10分の1に減らして上映することになった。しかしアニメーションは子どものもの、という意識が支配的であった韓国において大人の鑑賞に耐えうるものへと変化した、とアン・ジェフン監督は語っていた（横田、2012a）。

こうした韓国の長編アニメーションを先導してきたアン・ジェフン監督は、新しい試みとして、韓国文学のアニメーション化を実践してきた。その一つの現れが『そばの花、運のいい日、そして春春』であった。この作品は三つの短編を集めて一本にしたもので、それぞれの短編は韓国人ならばほとんど知らない人がいないような作品で、その理由は教科書に取り上げられ、授業で教材として学んできた経緯があったからである。しかし最近教科書にこれらの短編が取り上げられなくなり、これらの作品に触れないままでいる若者が多くなった。アン・ジェフン監督は、文化面での世代間断絶が起こっており、その理由の一つに韓国の短編小説世界を共有できなくなったことを挙げていた（横田、2017）。

この断絶を埋める試みが短編小説のアニメーション化であった。『にわか雨』についても同様であった。『にわか雨』の原作者は黄順元（1915～2000）で、この作品を日本語に

翻訳したオリニ翻訳会の仲村修（2001）は、

「この作品は1953年に一般文学の雑誌に発表されています。かれはこのころ朝鮮戦争をさけて釜山に近い馬山で避難生活をしていました。殺伐としていた戦禍のなかで、このような叙情的で詩的な作品をかいたことにおどろかされます。」（二二二頁）

と紹介している。さらに彼はこの作品の教科書での取り扱いについても触れている。すなわち、

「この作品は1966年から1990年まで韓国の中学三年生の教科書に、1995年から現在までは中学一年生の教科書に採用されています。国語教科書の定番と言うことができます。ですから現在50歳までの大人ならたいてい一度は読んだことがある有名な作品です。」（二二三頁）

ということである。この紹介は2001年のものなので、アン・ジェフン監督が述べていた、教科書に載らなくなったというのは、この後のことなのであろう。『にわか雨』というくらいなので夏の話と韓国の人たちも思い込んでいるが実は秋の話で、教科書に載らなくなったということでこうした文化的な共通の知識も失われてきてしまった（アン・片渕、2019）。そこをアニメーション化して何とか埋めたかった。ただ、原作者の遺族は、映像化に反対であっ

たが、アニメーション化においてアン・ジェフンが監督するということで許可が下りた。しかし、作品の宣伝で、アン・ジェフン監督が、観客の似顔絵を描くなどするサービスには反対であったとのことであった。

アン・ジェフン監督は、インタビューやトークなどの際にも常に手を動かし、あるいは似顔絵を描いている。似顔絵を描くことが日常の振る舞いなのである。同じように小説をアニメーション化する際には、小説の全文をまずは書き写す。それは作品世界に入り込むのに必要なことだという（横田、2017）。その作業の際に『にわか雨』では台詞が少なく、一枚の紙に全部収まってしまったとのことであった（アン・片渕、2019）。

『にわか雨』は、日本のアニメーションのように、主人公たちが、激情にかられることもなく、過激な行動を起こすわけでもなく、絶叫するわけでもない。静かに、控えめに行動する。台詞が少ない分、登場人物たちの日常の行動を、注視せざるを得ない。そして『にわか雨』においても、本書第2部で紹介した他の作品群と同じで「死」が扱われている。日本のアニメーションと対比すると『にわか雨』の「死」の描き方の特殊性が際立つ。その点をここで見てみたい。

1　移動

まずはアニメーションの始まりのところを少し細かく見てみたい。

映像が、野草の花々を映し出す。カメラが上に移動してゆき、タンポポの綿毛を捉える。綿毛が風に吹かれて次々に飛び散ってゆき、遂には皆飛散し、タンポポの種が空を舞ってゆく。美しい空、そして雲がゆっくり動いている。と、川にかかった橋の上を汽車が通過してゆく。汽車の窓から外が見えるが、光の反射を受けて、一瞬真っ白になる。前にトンネルが見え、暗闇の中に入っていきそうになる直前で、汽車の中の椅子の上の赤いランドセルが映される。ランドセルが窓際に立てかけられているので、椅子に座っているようである。それがトンネルに入ったからであろうが暗くなり、汽車の振動を受けている。一転して田舎道を牛車が、家財道具一式を積み込んで、その上に赤いランドセルを抱えた少女を載せてやってくる。家族らしき人たちは、牛車の両脇を歩いている。

以上の場面は原作には描かれていないが、主人公の少女が、引っ越してきたことを教えてくれる。野草の花が咲いているところから始まり、田舎の自然の美しさを描いているように見えるが、タンポポの綿毛が飛散する表現には、自然の移ろいやすさが感じられる。その後の空の雲の移動も、知らない間に起こり、雲の形態や光の具合も自然に変化している。自然の変化に目を凝らすことが少ない現代社会において、こうした自然への注目は、自然の移ろう中でのその時々の美しさを知らしめてくれる。そして移ろいやすさは人間においても同様である。汽車が橋を渡り、トンネルに入る。川もトンネルも、一つの境界としての意味を持っている。それを越えて一つの土地から別の土地への移行が起こる。しかもその移行を、ランドセルだけを見せることで行っている。

赤いランドセルであるから、まだ小学生の少女が暗示される。そのランドセルは、少女に抱えられ、少女一人だけが歩かずに、荷物の上に乗っている。ランドセルという荷物と同じように、少女も荷物のように荷台に載せられている。ついで少女は降ろされた荷物の上に座り、背中向きで俯いており、その足元にはランドセルが置いてある。次の場面では、赤いランドセルが家の中に置かれているのが、門のところから見える。そのランドセルのアップになる。このように少女が、ランドセルと一緒に田舎に引っ越してきたことが示されたが、その少女は移動の間動かない。小学生の少女が動かない、ということはあまりに元気がない。後でわかるように少女は病を得ており、死期が近い。赤いランドセルがアップになるところも、ラストでこのランドセルが焼かれることに対応し、少女の病と死を暗示することになっていよう（アン、2020）。

トンネルの暗闇を抜けるというのは、映画『若おかみは小学生！』の最初にも出てきていた。この映画のおっこは両親を亡くして祖母の旅館へ移動していく途中でトンネルを抜ける時、背負っていたのが赤いランドセルであった。あるいは『千年女優』の政治犯の男の後を追って千代子が入り込んだドアの向こうが暗いトンネルのようであり、出た先が、東京大空襲の場面であったことも思い浮かぶ。千代子は東京大空襲の最中に多くの死を見たと思われる。こうした作品と同様に『にわか雨』の少女がトンネルを抜けて移動してきている背景にも、死が、暗示されていよう。汽車はトンネルばかりではなく橋も渡っている。橋は川にかかっている。川も境界を示しており、橋はその境界にかかるものである。境界を越えて移動してきているのであるから、この移動もトンネルと同様に、死を暗示している。

一方、少年は学校から帰宅するといった移動が起こっていた。少女が動かないことに死の暗示があったとすれば、こちらの少年の移動は生の暗示である。まずは、学校で少年が授業を受けている様子が描かれる。授業終了のベルが鳴り、子どもたちが廊下を走っていく。少年は校庭を走って横切り、帰り道を急ぐ。川には大きな石が横切って並べられた岩橋（図17参照）がある。少年がやってくる。岩橋を二人の女の人が荷物を持って渡ってくる。やってきた少年は、二人の女の人と岩橋の上であいさつしながらすれ違う。岩橋には大人と子どもがすれ違うことができるほどの幅はある。

この場面は、後述するように、少女が岩橋の上にいても少年がすれ違うことはできることを示している。この二人の女の人の話し声が聞こえる。それは「あの子はユンさんのひ孫だろ」というものであった。少年が立ちどまり顔を振り向かせると、そこには少女がいた。赤いランドセルが傍に置いてある。二人の女の人の会話で、いつもそこにいることが知らされる。川の向こうの岸辺に少女が座り、川面に姿が映り、水面を手で弾いている。渡り終えた少年が、少女を見ている。少女はピンクのセーターを身につけ、赤い靴を履いている。俯いている少女の表情は元気なく、水面を弾いている手が、ピアノの鍵盤を叩くような動きとなる。少年は岩橋を渡り始める。岩橋を横切ってゆく少年の姿が消えて、岩橋の上にタイトルが現れる。

さてここでは、タイトルまでの場面をかなり詳細に述べてきた。タイトル以前において、少年と少女が見事に対比されているが、これはどういうことであろうか。もう一度タイトル前について見てみよう。

タイトル前の少年と少女の出会いは、よく見ると、一度の出会いというわけではない。女の人二人の会話のいつもそこにいる、ということを、少年の立ち位置の変化で示しているのである。最初、少年は女の人二人の会話を、岩橋を渡り始めた時に、聞いた。次の時には岸辺にいて、向こう岸を見ているような少年がフルサイズで描かれた。その少年が見ていた少女は、初めは水を弾く動作をしていたが、バストサイズの少年を捉えたカットの次の少女のカットでは、ピアノを弾くような指の動作を水面で行っていた。そして少年が少女から視線を動かし、同時に走り出して岩橋を走り渡ってゆくシーンに繋がっている。こうした一連の流れは、一度の出来事としてみると、少年の立っている位置が異なり、少女の行動もカットごとに変化しているので、矛盾が生ずる。ただ少年が少女に、幾度も出会っているということを示していると考えれば矛盾は生じない。つまり少年は学校へ往復している間に川の傍らにいる少女を幾度も見かけていた。少女は、川の傍らに留まり続けているのであるから、川の暗示する死に囚われ、心理的に停滞している。少年は活動的であるのに対し少女の停滞は対比的である。

心理的停滞のネガティブな側面は、日本のアニメーションの中で、例えば今敏監督作品に描き込まれている（横田、2012b）。処女作の『パーフェクトブルー』（1998）（脚本：村井さだゆき／原作：竹内義和／製作総指揮：鷲谷健／制作：マッドハウス）では、主人公の霧越未麻はアイドルから役者に転向しようとしているが、その転向を許しがたいこととして殺人を犯す者がいる。転向を許さない犯人は、未麻の変化を許容できず、変化しないままの未麻を望んでいる。言い換えれば、殺人犯の心は、アイドルの未麻を見続けようとして停滞している。

この停滞は心が病むレベルにまで至っているが、『にわか雨』の少女は、何とか動き出したいと思いながら停滞している。そして少女の変化は、少年との出会いの中で起こってくる。

2　岩橋の真ん中

タイトル前には少年は少女を遠くで見ているのであったが、本編が始まるとすぐに、少年は変化した事態に遭遇する。少年が朝登校しようとやってくると、少女は、川の真ん中の岩橋の上にいる。少女は川の傍らから真ん中へ移ってきた。少女は座って、川の水を掬い上げ、また水を向こう側に弾いている。先にも述べたように、川は境界を示している。そしてここでの少女は、川の水に手を入れているのであるから、少女が生と死の境界にいるということよりもさらに死の側に近づいていることが暗示される。

川が死を暗示しているという解釈については少し説明が必要であろう。心理臨床で使用される風景構成法といった描画法で描かれる川について、川寄（２０１８）は、

「われわれ人間は、肺呼吸し二足歩行する生物として日常を大地の上で生きている。ゆえに、われわれは一般的には大地の側に立って世界を眺めている。その立場からすれば、水の世界はそこに入っていくことがためらわれる、ある種の〝異界〟として目に映る。それゆえ、水の世界が流れる川となるとき、大地の側に立つ者からはそれは簡単には越えに

くい境界として立ち現われる。」(六二頁)

と紹介している。統合失調症を発症したミラーの語る入眠時のチワントベルという英雄の話について分析したユング(1992)は、インディアンの叙事詩『ハイアワサ』に触れ、

「ハイアワサの行為の特徴のひとつとして、かれが殺すものはたいてい水のそばか水のなかに倒れる、体の半分が水中半分が陸に残るということがいちばん多い。」(一〇三頁)

と述べ、その後で、

「それゆえ浅瀬つまり渡る地点、意識と無意識の境界線上で死ぬ。」(一〇四頁)

と追加している。こうした発言が示唆しているのは、川が生と死の境界になり得るということである。もちろんこの時点で少女に死の影を感じとるのは難しい。しかし、少女が病をおして川に出てきているということが後で知られる。ユングは、英雄が無意識とどのように対決するかという問題で川を取り上げたのであったが、ここでの少女は英雄ではなく、病を持った小学生である。その少女が川のところで少年に出会った。少年は健康そのものである。少女の病と少年の健康が対比され、それぞれが死と生を象徴し、両者が川という境界で出会ったのである。

©Studio Meditation With a Pencil

図17　岩橋の上の少女と川岸の少年の間の距離は遠い

さて、少年は岩橋を渡り始めるが立ちどまる。次のカットで、真横から、岩橋上の少女と川岸の少年が捉えられるが、二人の距離は非常に遠く、岩橋がどこまでも伸びているかのように長い（図17）。実際は、岩橋で渡れるほどの川なのであるから、それほど大きい川ではなく、浅いと思われるが、ここでの岩橋は非常に長く、水面が全体に光り輝いていることから底も深そうである。ということは少年の心理的な少女との距離感が、ここに反映されている。少年には少女が近寄りがたい存在に感じられた。少女に死の影が宿っているとすれば、少年にとってその存在は遠くのものとして感じられる。少年が感じた心理的な距離の遠さが、死との距離の遠さと思われる。しかしその一方で水面は光輝き、美しい。少年を魅了するものでもあった。

アン・ジェフン監督は、アニメーションにおいて現実をリアルに再現するのではなく、リアルに再現しているように見せながら、現実を心理的に変容させてさりげなく描く。例えば、先の『そばの花、運のいい日、そして春春』の中の一つの短編『春春』で、主人公の「おれ」が義父を引っ張って区長に直談判に行った際、区長が「おれ」の言い分を聞いてくれたことが嬉しくて、その嬉しさを反映して背景がピンクの花の咲いた木々の並びに変化していた（横田、２０１７）。この背景は現実のものではなく、いつの間にか「おれ」の感情に合わせて変化していた。こうした喜びの感情が背景を変化させて知覚させていたのと同様に、少年の感じる少女との間の距離感と水面の美しさは、少年の感情に大きく影響された知覚の表れということなのであろう。

感情が知覚を歪めることは、他のアニメーションにも描かれていることである。例えば、『モチモチの木』では、豆太は夜のモチモチの木の枝が彼に襲いかかってくる手に見えたが、これも感情が知覚を変容させたということである。ただ『モチモチの木』では、知覚的変容を劇的に見せて豆太の臆病さを強調するが、『にわか雨』では、場面を劇的に見せるということをしていない。劇的にならないように抑え、ただ美しく、神秘的に見せている。

少女が普通の存在であれば、少女の背後を通って、岩橋を渡ってゆけばよいのだが（岩橋の上で少年は二人の女の人とすれ違うことができていたのであるから、同様に少女とすれ違うこともできるであろう）、少年にはそれができない。結局、後戻りしてしまう。少年は視線を落とし、仕方ないといったように小石を蹴り、左手で頭をかき、視線を少女に向け、肩にかけた本を包んだ風呂敷のチュクポ（冊褓）を地面において、そこに両膝を抱いて座り込む。

少年にとって少女との出会いが知覚を変容させるほどの感情的な体験であることが、学校帰りの出来事においても示されている。少年は学校から帰ってくる時、岩橋の上に、再び少女を発見する。今度は、少年は、岩橋を渡ろうともせず、すぐ座り込んでしまう。この時は、最初から渡るのを諦めてしまう。少女は、ピンクのセーターを腕まくりして顔を洗っている。少女は、一度両手を水に入れてから、両手の水を切って、ゆっくり立ち上がり、向こう岸に渡ってゆく。向こう岸の少女は振り返り、手にした小石を「馬鹿」と言いながら投げてよこす。飛んできた小石を少年はよけて立ち上がる。川の向こう側の少女は、そのまま階段横のアシ原に走り込んでゆき、姿が見えなくなる。アシ原は白い雲の中のように夢幻的に見える。少年は再度少女を発見する。少女はアシ束を抱えて歩いている。ここでのアシ原は、少女が雲の中にいるかのように感じさせる。この後にも同様に川岸が登場するが、このアシ原と同様な美しさには描かれていない。それは少年にとって一回限りの体験の美しさなのであろう。

少年は少女との出会いを美しいものとして体験している。日常的な出会いであり、会話もほとんどないが、人との出会いが体験を美しくするものとして描かれている。さらには、少女の側に注目してみても、少年との出会いが変化を起こしていることに注目したい。なぜなら、少女はこれまで川岸から岩橋の上に移ってきて、川の中に入り込んできたことで、死に囚われる程度が深くなってきたように思われたが、それが少年に石を投げるといった行動を起こし、さらには川岸から離れてアシ原の中に入るといった行動を示した。つまり川から離れたのである。先に少女には停滞が示されていることを述べたが、死という停滞を内包している少女ではあるが、それでも停滞から行動へと移る力は残されていた。そしてこの停滞から行動へと移る前向き行動力は、少年との出会いによって、さらに強められることになる。

3　水面

少女のさらなる行動化を検討する前に、少女が水辺にいたことを再度検討してみる必要があるかもしれない。水辺に関し、ミルトンの『失楽園』（1981）に描かれるイーヴの体験をまずは引用してみたい。少し長いがこのようなものである。

「小川の細流《せせらぎ》が或る洞窟から流れ出て、広やかな湖へ注いでいました。水はそこでは静かに淀み、広い青空のように澄みきっていました。なにしろ前に経験したこともない初めてのことなので、訝《いぶか》しく思い、そこへ近づいて緑の岸辺に横たわり、それこそもう一つの青空といえそうな、澄みきった、波一つないその湖の面を覗き込みました。なかをよく見ようとして身を屈《かが》めると、その真向かいの輝く水面の奥に或る人影が現われ、私を見上げようと身を屈《かが》めていました。私は驚いて後ろへ退《さ》がりました。」（一八六頁）

このようにしてイーヴは水面に映る自分の姿を目にし、その姿をずっと見続けたかもしれないが、その時声が聞こえ、水面に映っているのはイーヴの姿なのだと告げたというのである。少女が水辺で遊ぶのも、一つにはこうした水面に映る自身の姿に魅せられているところがあるのかもしれない。

しかし少年は違っていた。少年は、岩橋の上は「暑い」ので、あまり居心地の良いところとは思っていない。それでも少女がいないとき、岩橋の上で、川の水面を覗き込んで、少女と同様に顔を洗ってみる。その際に、少年は水面に映った自身の姿を目にする。水面に映る少年の顔は、波に揺れ歪んで見え、滑稽な表情をしている。水面に映った顔を両手で揺らし、「馬鹿だな」と呟く。少年にとっては、自身の顔が見惚れるほどのものではない。少女の体験とは大きく異なっている。

河合（1987）は、鏡による異常体験に、鏡を見ていると映っている姿が本当で、こちら側の自分は本当の自分ではないと不安になる症状を紹介している。イーヴの体験は、映っている姿に魅せられてしまっているようなので、河合の紹介と異なるが、しかしそれでも見ている自分より映っている姿に魅せられてしまっているので、本体に対する影が優位になっていることではあろう。そうした影の優位は、病理的なものではなく、声がかかるとすぐに現実に戻れる程度のものである。少女も、少年との出会いという他者との出会いがあって、川面を見ることから抜け出せた。

一方、少年は川面を覗き込んでいるところを少女に見られて、慌てふためいて、岩橋から川の中に入り込んでしまう。川面を覗き込んで、映った自分に対面するが、他者の存在によって現実に引き戻される。影に取り込まれてしまうということはない。河合（１９８７）は、影に取り込まれてしまうと現実に戻れなくなってしまうことを紹介している。少女が、いつも川面を見ている姿が少年によって確認されていた。このことは、少女が影に取り込まれてしまう可能性を持っていたことを示している。しかし少女の健康的な一面は、自ら川から離れる力を持っていたことによって示され、さらに川から離れて遠くまで行くのは、少年と一緒になされるのであった。このことについて次に見てみたい。

少年は、岩橋の上ではなく、川の向こう側に少女がいるのを見出す。岩橋を渡り終わって、階段の方に行くと、少女が声をかけてくる。「ねえ、これはなんていう貝？」と。少年が振り向くと、少女が手を伸ばして、手のひらにある貝を見せている。少年は、少しためらって「絹貝だよ」と教える。頬が赤らみ、目が見開かれる。恥ずかしいらしい。少女は手のひらを見つめながら「名前もきれいね」と言う。貝を手にした少女は少年に顔を向け、「この辺に詳しい？」と尋ねる。少年は口籠り気味に「毎日通るし」と言いながら少女を見る。少女はしっかりと少年を見て話しを続け、上の道を行ってみたいと希望する。狭くて歩きにくいという少年の抵抗はむなしく、広い道は飽きちゃったという少女に押し切られてしまう。少女が、川から離れることを選んだことが明確に伝わってくる場面である。

それまでの川面に向かって一人遊びをしていた少女は、心理的に停滞していると述べた。別の言い方をすれば、自分の心の中に閉じこもり、外との関係を絶っている状態である。心理的に自閉している。そうした少女に対しての少年の振る舞いは、少女が岩橋の上にいる時には、そのままの状態を維持できるように遠くで見ているものであり、無理に接近しようとするものではなかった。少女の安心できる空間的距離を維持するように、遠くから見ているだけなのであった。それでいて少女に無関心ではないことは、岩橋の上で、少女がしていたように川の水で顔を洗ったことに現れており、その様子を少女が目にした。少女が「馬鹿みたい」と声をかけても、少年は怒りもしなかった。ただ「俺は馬鹿かな」と思うだけなのである。

このように閉じこもりの少女は、カタツムリが少しずつ角を延ばすように、慎重に、少年との関係を探っていたのであろうし、少年が危険な対象ではないと確信が持てたから、少年に声をかけた。それに対して少年が口籠り気味に答えたことによって、少年が、少女に危害を加えるような相手ではないと確証を得た。つまり少女の何気ない振る舞いの変化の中に、少女が感じている、少年への関心が深まっている様子が現れている。そうした関心の深まりが、少女の心の停滞を揺り動かし、川から離れていく前向き行動力を引き出せたのだといえよう。少女には死を内在させながらも前向き行動力が潜在していたのである。

4　にわか雨

前向き行動力が発動した少女には、少年と共に目にする全てのものが新鮮に見える。そして感動的である。山道を抜け、田圃のある所に至る。ここでの場面を次に見てみたい。少女の示

©Studio Meditation With a Pencil

図18　少女は紐を引いて嬉しがっている

す前向き行動力の特徴の一端が見えると思うからである。それは同時に少年の体験でもある。

まずは一面が稲穂で黄金色に輝く美しい田園が描かれる。その中に案山子が立っている。案山子につないだ紐が、道端に伸びている。少年はそれを引っ張り、案山子を揺らして雀を追い払う。気まずい表情の少年。早く家に帰って母親に言われた雀を追い払う仕事をしなければ、と思い浮かべていると、紐を引いて嬉しがっている少女の姿が目に入る（図18）。「ねえ、これ楽しいわ」と笑っている。その少女の顔のアップ。少年は視線をそらして木々を見る。木々は風にゆっくり揺れている。トンボのアップ、そのトンボが飛び立つ。自然の情景。少女は、紐を大きく揺らして、嬉しそうである。その様子がスローモーションで示される。

少年は母親に仕事を言い遣っていたので早く家に帰らなければいけないと思ってはいるが、少女の振る舞いに、それを忘れてしまい、少女の姿に感動してしまう。その感動をそのまま引きずるように周囲の環境の何気ない一コマ一コマが鮮明に見える。木々が揺れる姿であり、トンボの姿であり、そして少女の動きはスローモーションになって時間が拡張される。日常の体験が、少年にとって、少女といるために、美しいものに変質している。

先に引用したミルトンの『失楽園』（1981）の中の別のところにイーヴの語る感動的な体験があるので引用してみたい。

「あなたと話し合って
いると、すべてが楽しく、すべての時間も、一日のすべての時刻も、
その移り変りも、忘れてしまいます。ああ、朝《あした》のそよ風のなんと
快いこと！　早くから鳴きだす鳥の歌声につれて明けそめる
朝《あした》のなんと快いこと！　いいえ、太陽がこの爽やかな大地に、
朝露にきらめく草や木や果物や花に、その輝く曙光をなげかける時の
あの楽しさ！　雨が静かに肥沃な大地を潤した時、そこから発する
香りのなんと馨《かぐわ》しいこと！」（一九六頁）

こうしたイーヴの体験は、本質なところでは、少年と少女が体験していることと同質と思われる。異性と二人でいて、楽しいと感じており、そのために風が快く、鳥の鳴き声も快い。雨

が降っても、そこから発する香りが魅力的である。日常の何気ない出来事が、極めて新鮮に感じられる。『天気の子』の二人は、感動的な体験をしていることは確かではあるが、その体験は、非日常の世界で味わっているものである。しかしイーヴの体験していることは、日常の中での出来事であり、『にわか雨』の少年少女も、田舎の田圃の案山子とその周辺といったごく日常的な場面の中で感動を味わっている。

イーヴが語るような雨の場面が、『にわか雨』にもある。タイトルに『にわか雨』とあるように、雨が、非常に重要である。

山で出会った子牛を連れた農夫が、雨が来るので早く帰るように二人に告げたすぐ後に、黒い雲が空を覆い始める。山の奥から急速に暗くなり、雨が降り始める。途端に土砂降りになる。少女は激しい雨に降られ、山の上で摘み取った花を抱えながら呆然と佇んでいる。少年は、そんな少女に近づいて、手を引いて、番小屋に連れていく。番小屋の屋根は壊れ、ほとんど雨を防いでくれない。しかし少年はこの下なら少しはましと、少女を番小屋の下に入れる。少女はずぶ濡れだわ、と言いながら髪をかき上げる。腕には花束を抱えている。少年は、自分のシャツを脱いで少女に着せかける。ありがとうと言いながらも、咳き込む少女の足元には、しおれた花が落ちる。落ちた花について少年はもう泥だらけだ、と言って安心させる。そしていいところがないか探してくる、と番小屋の外へ駈け出してゆく。そこには作物の残りの茎を積み重ねた、日本の藁ぼっちに形が似た円錐形の子どもの背丈より大きい小屋のようなものがある。

アン・ジェフン監督（２０２０）によれば、遊ぶものがなかった昔の子どもたちは、これを

©Studio Meditation With a Pencil

図19　藁小屋の中で少年と少女は一緒に雨宿りする

小さな家に見立てて遊んだということである。その程度の大きさはある。少年は別のところから茎の一部を取り出して、それをもう一つの地面に敷き詰めて、少女を呼ぶ。目をつむりながら走ってきた少女は、小屋のようなものの隙間の奥に入り込む。少年はその入口のところで、背中を向けて雨宿りする（図19）。少女は咳き込みながらもっとこっちへと少年にさらに中へ入るように勧める。少年は躊躇うが、再度来てと言われて、奥へ背中からにじり寄ってゆく。少女は、背中から湯気が出ているわ、と少年の裸の背中を見ている。咳き込むのを少年は背中で聞いている。少年と少女は、身体をお互いに近づけて、中に一緒にいるので、少女は温かいと言う。少女は咳をし、そして雨が止まなきゃいいのに、と外を見ながら言う。家に帰れないぞと少年が言うのに、どうせ私の家じゃないし、と返す台詞が、雨に打たれている木の枝に重ねられる。

図20　少年は少女を背負って川を渡り始める

二人並んだ少年と少女の後ろ姿に、鳥みたいに遠くへ飛んでいきたい、という少女の声が重ねられる。沈黙した二人、そして少女の抱えている花束の花が、ぽとりと地面に落ちる。少女の横顔のアップ。口元がわずかに開いている。

降り始めと同様に唐突に雨が止む。みるみる空の雲が散ってゆく。少年が後ろを振り向いて止んだみたいだと少女に知らせる。少年が外に出るとあたりは明るくなっている。少女も外に出てきて、肩にかかった少年のシャツを、脱いで少年に渡す。少年はシャツを着る。二人が岩橋のあったところへやってくると、増水し、岩橋が消えている。少女は紫の花を2輪だけ手にしている。少年と少女は見つめ合い、少年は屈んで背中を出して、少女に乗るように勧める。少女は背負ってもらうのは久々だからと躊躇う。少年は暗くなる前に帰ろうと、さらに促す。少女は少年の背中におぶさり、少年は川を渡り始める（図20）。少女の手には紫の花がある。少女は怖いと少年に強く抱きつく。少女は花が可哀そうだと言うと、少年はまた摘みに来ようと答える。少女は、うん、また来たい、と言いながら先ほどの小屋のようなものの中に落ちた花を思い出す。この思い出されたシーンに重ねて、少女は私も学校へ行くわ、と少年に伝える台詞が聞える。そして稲穂の実った中の案山子が描かれる。

さて、にわか雨に遭ったアニメーション表現をやや詳細に再現してみた。ここでの特徴はどのようなものであろうか。

案山子の場面は、少女の体験も少年の体験も、いずれも感動的なものであり、快いものであった。しかしにわか雨の場面はそれとは異なる。イーヴが述べているような、雨上がりの肥沃な香りの感動もない。むしろ狭い空間の中に閉じこもった閉塞感がある。日本のアニメーションの中でこのような場面で何が起こるであろうか。

例えば、『にわか雨』の少年少女と同年代と思われる登場人物が宮崎駿の『未来少年コナン』に登場する。この作品の主人公の少年コナンは、少女ラナを抱いて走るのを常とした。『天空の城ラピュタ』（1986）（監督・原作・脚本：宮崎駿／プロデューサー：高畑勲／製作：徳間康快／制作：スタジオジブリ／製作：徳間書店「天空の城ラピュタ」製作委員会）では、主人公のパズーは、少女シータと、ドーラの飛行船の見張り台で、抱き合う。宮崎駿の場合、少年であっても少女を保護するために抱くという行為を描くことを常としていた。

しかし『にわか雨』の少年は、少女を抱いて保護するわけではない。雨宿りできる空間を作るが、その中へは少女一人を入れて、自分は雨に濡れたままでいようと考える。少年は少女の空間に入り込もうとはしない節度を保っている。そうした節度を、越えさせようとするのは少女の方である。背中を見せている少年に向かって、空間の中へ入るように、声をかけるのである。

そした少女の体験したものは何であったろうか。それは少年の背中から湯気が出ているということと少年の身体が暖かいということであった。

アニメーションでは実際には湯気が立っているようには見えないし、暖かいという体験も表現されていない。さらにはアン・ジェフン監督の節度の表れと思うのだが、少女が咳き込む声は聞こえるが、少女が咳き込んでいるところは動きとして描いていない。少女の体調が悪くなっているだろうことは、小女が抱えていた花が地面に落ちてゆくことで暗示されている。つまり、表現上の興味深い点は、少年の身体の実感を、少女が、湯気や暖かさで感じており、少女の体調の変化は咳や花が落ちることで暗示されるが動きでは明示されないということである。少女は、体験を、五感を通して味わっているのであり、それに対し観客は描かれていないことを、想像して味わうように求められている。イーヴが大地の香りといったのと同じような感覚を通して、感動が語られているとみるべきなのである。そしてこの感動は、繰り返しになるが、現実を離れた空想世界で得られるものではなく、身近な異性との日常的な体験の中から得られたものである。

こうして少女は少年をより身近に感じ、自己の内面を開示する。雨が止まなきゃいいのに、ということと、どうせ自分の家ではない、ということである。そして鳥みたいに遠くに飛んでいきたい、ということであった。少女の心がいかに閉塞感に捉われているかよくわかる。こうした閉塞感は、日本のアニメーションであれば開放されるべきネガティブなものとして示され、そこから解放されて心が如何に自由になったかが描かれることになろう。閉塞感に捉われた少年少女たちは、異世界に行って冒険を重ね、心が開放されるといった物語が好んで描かれる。『にわか雨』では、そのまま雨が上がり、雨宿りが終わってしまう。少女の体験している閉塞感は、少年には、何も対処できないたぐいのものであり、少年は単に少女の傍に居続けるだけであった。しかし、他者が、傍らに座り続けてくれることだけでも、心の拠り所になることは臨床的にはよく知られている（中井、１９８４）。

このように一見ネガティブな体験と思われるようなものであったとしても、その体験の質は、決してネガティブなものではなく、ポジティブなものであり得る。少女にとっては、少年の身体を、五感を通して感じられた出来事であり、内面を開示できたのであり、それを聞いてもらえたのであり、黙って自らの存在を支えてもらえたのである。こうしたことがあって、少女は少年の背中におぶさることができたのであり、のちにその日の体験を貴重なものとして思い出すのである。それがたとえ花が落下するということであったとしても、である。花が落下するのは、少女の死を暗示するのであろうが、少年はそうした少女にまた花を摘みに来ようと伝え、少女に花を摘みに来るという前向き行動力の目標を与えている。

5 少女

さて少年は、少女が学校に行くといった台詞を聞いて、学校で会うことを心待ちにするが、何時までたっても出会うことはなかった。再び少女に出会ったのは、その後一回だけである。それもやはり川辺であった。少女は、一度は川辺を離れて、山を歩き、にわか雨に遭う体験をしたにもかかわらず、川辺に戻ってきてしまった。この場面を、次に見てみたい。

少年がやってきて、立ち止まる。すると少女が、川岸の離れたところに座ってうなだれている。少女はアシに囲まれている。振り向いた少女は、少年を見つけたのであろう、笑顔である。大喜びというのではなく、ホッとしたように、微かに笑う（図21）。稲が刈り取られた跡などのカットが挿入される。すでに少女と少年は並んで、少し距離をおいて座っている後ろ姿となる。少女はずっと寝込んでいた、と語る。少年は少女の方を向いてあの日、雨に濡れたから、と聞く。少年の見た少女の姿。その少女は、少年の方を見ないで、うんとうなずく。少年の主観では、背後のアシは明るく霞み、さらにその先の川面は光を反射して輝いている。少女を見ている少年がもう治ったのか、と聞く。少女は、赤いセーターを引っ張って擦っている。そしてまだよ、と言うので、少年は、身体を少女の方に少し向けるように、それなら寝ていないと、と言う。ここでやっと少女は少年の方を向いて、退屈で出てきちゃった、と告白する。少年に飽きちゃったといった時の少女に比べると、視線は下がり気味で、弱々しい。顔を川の方に戻

©Studio Meditation With a Pencil

図21　少女は少年を見つけてホッとしたように微かに笑う

して、あの日は楽しかったわ、と言う時の少女は、視線を上にして、思い出しているようである。少女は下を向いて、セーターを見ているようで、でもこの染みはどこでついたのか、とセーターに染みがついたことを語る。先ほどセーターを引っ張り、揉むようにしていた理由が、ここで明らかになる。セーターについた染みを擦っていたのである。少年がそれを見ているところで、少女の全然落ちないのよ、と言う声が聞える。少女のセーターの染みのアップとなる。少女は少年に視線を向けながら、何だと思う、と尋ねる。少年は、染みを見つめたままで答えない。少女は、それで思い返してみたの、と言いながら表情は明るく変化し、あの日川を渡る時に、と言いながら、顔を川の方に戻し、背負ってくれたでしょ、と続け、染みを見ながら、その時に背中から染みたみたい、と言うのである。少年は、アッという表情をし、少女の言うことを聞いている。初めて雨に打たれたわ、と少女の言葉を聞いて、少年は少女から視線を外して、川の方を向く。少女は言葉を継いで忘れないと思う、と言う時に少年は頭をかいている。

少年と少女の会話中にどこに視線を向け、どのような表情を見せるのかについて、実に丁寧に描いている。背中から染みたみたい、と言う時の少女は、心という形のないものではなく、染みという形のあるものを媒介として、少年との関係を思い描いている。少女からの好意の告白である。

さてここでの場面の特徴的なことは何であろうか。日本のアニメーションと比較してみた時に、明らかな特徴は、病気が悪くなったことを伝えることと、その原因と思われるのが雨に濡れたからということをどちらも明確に伝えている点である。日本のアニメーションの多くは、ネガティブな、そして人を傷つける恐れのあることは言わないように配慮されていることが多いが、この作品では、そうではない。そうした可能性のあることとでも直接相手に伝えている。

次に特徴的なのは、直接伝えられたことに対してどのような表情変化、視線変化を示すかを細かく描き込むことによって、少年と少女の気持ちの変化を示している点である。視線や表情の変化の一つひとつに意味を持たせようとする努力は、日本のアニメーションではこれまでほとんど行われてきていない。そこまでの余裕がないということもあろうが、キャラクターを記号化し、感情も喜怒哀楽の過剰なものしか表現しない中にあって、日常的な、細かな、表情変化については関心の外なのであろう。しかしアン・ジェフン監督は、日常的な表情変化や視線変化の中に、重要な意味を見出している。少年に出会った時に見せる少女の微笑は、病を押して外に出てきて、体調が良くないまま少年を待っていて、やっと会えたというホッとした感じのものであり、非常に微妙なものである。先に引用した『失楽園』のイーヴは「あなたと話し合っていると、すべてが楽しく」と語っていたが、ここでの少女にとっても同様に、病が悪化したというネガティブなことであっても、少年と話し合っているのであり「すべてが楽しく」なってくるということを感じさせてくれる表情である。その証拠に最後に少女は忘れないと思うと少年に伝えるのである。

さらに特徴的なことを上げるとすると、染みのついたセーターがあげられよう。よく考えてみれば、染みのついたセーターを少女が身につけたがるだろうか。それも少年に会うために出かけてきたのに、あえて染みのついたセーターを着てきたいと思うだろうか。綺麗なものを身につけたいと思うのが通常であろう。しかしそうしなかった。それは少女にとって思い出深いものであったからである。そのことを少年は、少年にわざわざ示して見せている。本作では、少年にしても少女にしても日常的な物を大切にしている。少女にとってのセーターがそうであるように、少年にとっては小石であった。少年は川向うの少女が投げてよこした小石を拾って、宝物のようにして毎日持ち歩いていた。日常の何気ない物であっても、大切な宝物になる、のである。日常の中の出来事を豊かにする、その表現に満ちているのがこの作品である。

6 少女の死

少年が少女の死を知る場面がある。次のような場面である。

少年が横になっているアップ。ふと目を覚ます。それと同時に、両親の、法事に行った話が耳に入る。父親は、全くやりきれない、と言い始める。それを聞いている少年の後ろ姿。少年は上向きになる。父親の話が続く。田畑を売り払って、代々暮らしてきた家も手放すのに、と言うのを耳にしている少年。ひ孫の話になる。父親が煙草を吸いながら話をするのを、母親が聞いている。男の子（ひ孫）は早く亡くなったそうだ、との父親の語りがある。母親が本当に気の毒な話、というのを聞いている少年のアップとなる。悲し気な表情になっている。少年は話がどのように進むのかについて薄々気づいている。父親が、今回は薬もろくに効かなかったらしい、と言う時に、ランプのアップになる。虫が飛び交っている。母親が、まあ可哀想に、と言うのを聞いている少年。これで後継ぎがいなくなった、と父親が言うのも聞こえている。そういえば、と父親が言うのに合わせて、少年の顔のアップになる。そして、あの子は幼いのにしっかりしていたそうだ、と言うのが聞える。死ぬ前に言い残したらしい、と言う父親の言葉に浮かび上がるのが、ピンクのセーター姿の少女が柱にもたれている後ろ姿（図22）であり、自分が死んだらいつもの服を着せて埋めてほしい、という父親の台詞が終わるのと同時に少女の姿だけ消えてゆく。

図22　柱にもたれかかっているセーター姿の少女の後ろ姿が消えてゆく

そして赤いランドセルと赤い靴が焼かれる様子が描かれる。少女が亡くなったことを赤いランドセルと赤い靴を燃やすことで示している（アン、２０２０）。いつもの服を着せて埋めてほしいという少女の願いは、セーターの染みも一緒ということになろう。少女の少年に示した好意も一緒に持っていきたいということなのであろう。その煙が上に上がってゆくのに従ってカメラも上に上がってゆく。少女の横顔が現れる。少女は、少年が会話したアシの前におり、振り向く。そしてそれで思い出してみたの、という台詞が、川の流れのカットに重なって発せられ、番小屋のカットが現れて、あの日川を渡る時に、という台詞が、小屋のようなもののカットに重ねて、背負ってくれたでしょ、との台詞が入り、岩橋の一つの石のカットに、その時背中から染みたみたい、と台詞が被さる。こうして少女と少年が二人並んでいる後ろ姿のカットとなり、そのカットの中で少年が立ち上がり、もう行こうと少女を促し、少女がうんと答える場面に続いてゆく。少女も立ち上がり、少年についていこうとして画面は暗転する。その後、少年が、ブランコや鉄棒が見える庭の境の低い塀の上を軽やかに飛んでいる様子が描かれる。飛んできて、塀が途切れたところで、地面に降り立って、佇む。何かを思い返しているようである。

少年の喪失体験は、少年の激情によって表されるわけではない。ごく日常の動作の中で、ふと佇む、というところに現れてくる。ストレス反応として抑うつ等が表現されるわけでもない。少年の思い出として、少女との語らいが、記憶から蘇ってくる。死に際し、少女とのかかわりが、鮮明に思い出されている。

『にわか雨』で描かれている時代は、ランプが明りとなり、テレビもなく、マンガなどの娯楽もなさそうである。少年が感じとる心のときめきは、少女との出会いであり、少女を身近に見ることであり、身近に感じることであった。狭い空間の中で体温を感じたり、少女を背中に背負ったり、というように人間の五感に触れるような出来事がさまざまに描き込まれている。これは『Ｇｒｅｅｎ Ｄａｙｓ　大切な日の夢』において五感の感覚を大切に描き込んでいたのと同様である（横田、２０１２）。アニメーションのフラットな絵で、五感を体験させるのは難しいことではあろうが、日本のアニメーションのように、感情的に巻き込んで、主人公の感情のみに共感させるスタイルの作品に比べると、日常的な出来事を五感を通してどのように体験するのかについてのモデルになっている。

アン・ジェフン監督は『運のいい日』においても死を扱っていた（横田、２０１７）。車引きのキム・チョムジが病で臥せっている妻の今日は出かけてくれるなとの願いを無視して、仕事に出かけてしまうが、運がついて沢山の収入を得て、妻の食べたがっていたソルロンタンを買って帰るが、妻はすでに死んでいた。キム・チョムジはボロボロと涙を流し、その涙は妻の頬に落ちる。生活の中で、貧困の果てに死を迎える、という表現は、アニメーションでは馴染みのなかったことである。アニメーションでは、戦闘の中で、たやすく死んでいくとしても、日常の死を描くことは、ほとんどない。

それが『にわか雨』においては少女の死を描いていた。少女の病気が何か、それに少女がどう反応したかについては一切語られない。ただ語られるのは少年との出会いである。しかもその出会いも、少女にリードされて起こってきている。少年の方が受身である。少女がリードするのは、少年の行動を、少女がよく観察してきた結果、起こってきた。少女が水の感覚を楽しんだり、石を投げてみたり、アシの花を摘んでみたり、という行動を、少年が見えるところで行ってきている。そうした行動の後で少女が、少年に、貝の名前を聞くというような行動を起こした。新しい行動である。通常であれば、少女は小学生であり、小学校に通っているはずである。それは少年と同様である。しかし少女はいつも川の傍にいる。少年が最初に目にした時には赤いランドセルが置いてあったが、その後は赤いランドセルはない。少なくとも初めは学校に行く途中であったのであろう。しかしそれが川に来ることのみが目的になったようである。その後の少女の言い分によれば、飽きちゃったから、ということである。川に来るのは、家で寝ているのに、飽きちゃったからなのである。寝ているだけの生活の中で、変化を、少女自らが生み出した。その工夫が、川の水との戯れであり、少年への声かけであった。

そして「にわか雨」に降られる体験をした。少年と二人の冒険旅行のようなものであり、寝ているだけの日常を脱した楽しい出来事であった。しかしその中においてさえ少女は鳥となって遠くに行ってしまいたいと少年に語るのであり、自身の死を、感じとっている。それを少年に語れたということは、秘密の共有であり、少女の死の恐怖を、言語化できたということでもある。再会したときに少女はにわか雨に当たって、ずっと寝込んでいた、と少年に告げる。本来ならばこうした発言は、相手を非難する言い方になりやすいと思われるが、少女にはそれがない。病気は治っていない、という少女は、自身の病の重さを実感しているのであろう。しかしそれにもかかわらず、ここにいたい、との希望を持つ。生きたい、という希望である。少女の示す前向き行動力は、少年に向かって示す、一緒にいたい、そして生きたい、という願望が支えになっていた。少女の切実な願望が、彼女の少年に見せる、微かな微笑み（図21参照）に、よく表れている。

その一方で、アン・ジェフン監督の興味深い点は、少女が、鳥になって飛んで行きたいと語る時に、直接少女の表情を見せない、ということでもある。その台詞が発せられる時には、少女は少年と一緒に後ろ姿を見せている。その台詞に対する少年の反応も描かれない。少女の顔がアップになるのは、手にした花が落ちた後である。花が落下する、というところにも、生命が失われる暗示がある。そうした暗示の後に少女のアップがくるのである。アン・ジェフン監督は、少女の感情に、観客をことさら共感させるようには誘導しない。むしろ感情がこもるような台詞は、表情を見せないで言わせている。少女が寝込んでいたと少年に語る時も、少女は少年と並んで、川の方を向いている後ろ姿の時であった。少女は、雨の日に濡れたからと問われてうんとうなずく時も、少年の方を向いていない。少女は、少年の共感をことさらに得ようとしているわけではない。少年の方を向くのは、退屈で出てきちゃった、と言う時である。少女が、自身の、前向き行動力を示す時に、少年の方を向く。それ以外のネガティブな感情状態を、少年に、見せようとはしていない。

少女が少年の方を見るのは、染みについて尋ねる時である。少女にとって、この染みは、生きている証のようなものである。そうした生に近いものについては少年と共有するが、少女自身の病については、語ることによって少年の同情を呼ぼうとはしていない。少女にとって、死は内在しているものであり、ただ生を少年と共有したい、ということのようである。そして最後に少年とのつながりを染みによって確認し、その染みのついたセーターを着たまま埋葬されたいと少女は希望した。生きた証が染みに象徴されている。少年の父親は、普段着ているセーターを着たまま埋葬されたいと希望した少女を、しっかりしていた、と評価する。他者から少女の死が、ポジティブに評価されていた。それも少女の死に対する態度のなせる業であった。少女の死を聞いて、少年が思い出したのは、少女と一緒に歩いたことであった。そこにはネガティブなイメージはない。ましてや強い感情が呼び起こされる喪失感もない。少年にポジティブなイメージだけが残るように去って行った少女の生き方は、見事なものである。

『にわか雨』の少年は、少女と心を一つにしたわけではない。『風立ちぬ』や『天気の子』の主人公のようにヒロインと心の交流を果たし、心を繋げ、一つに溶け合うような体験をしているわけではない。死の不条理に触れ、少女との記憶を再生し、少女をただ思い遣っている。心のつながりといった異性間の心の一体感を強調するのではなく、相手を思い遣る。ここに『にわか雨』の現代的な意義があろう。

謝辞

本章の執筆に当たりアン・ジェフン監督には e-mail による質問に答えていただき、三宅敦子さんにはその翻訳をしていただきました。また私の希望する画像を快く提供していただきました。「夢見るコリア・アニメーション２０１９」の村上寛光さんにはトークの司会としてアン・ジェフン監督と片渕須直監督から話を聞く機会を与えていただきました。感謝いたします。アン・ジェフン監督よりスタッフクレジットの情報提供がありました。日本で情報を得にくいと考え、以下に紹介します。投資企画：イ・ジェヒョン／助監督：イ・テジョン／コンテ：ジン・ヒョンミン、ク・ジュウォン、キム・インギョン／アニメーター：ソ・ジュヨン、ク・ジュウォン、チョ・ハンシン、チョ・スルギ、シム・チャンホン、カン・ドンハン、ユ・ジウン、パク・ソニョン、パトリック・スファイア、チャン・ウンビ、キム・インギョン、ユン・ジノ、イム・ウンジェ、カン・ジョンワン、キム・ヒョソン、キム・ジェヒ、ナム・ユミ、チャン・ミンジ、イ・ジヒョン、チョン・フィビン／制作部：チャン・スヒョン

【第７章　引用文献】

アン・ジェフン・片渕須直　２０１９　韓国アニメーション上映会「夢見るコリア・アニメーション２０１９」韓国文学アニメーション『にわか雨』&トーク（２０１９年７月27日、シネマ・リーブル池袋）
アン・ジェフン（三宅敦子翻訳）　２０２０　e-mailによる質問への回答　２０２０年２月１日
ユング・C・G（野村美紀子訳）　１９９２　変容の象徴―精神分裂病の前駆症状（下）―　筑摩書房
河合隼雄　１９８７　影の現象学　講談社
川嵜克哲　２０１８　風景構成法の文法と解釈―描画の読み方を学ぶ―　福村出版
ミルトン・J（平井正穂訳）　１９８１　失楽園（上）　岩波書店
中井久夫　１９８４　中井久夫著作集１　精神医学の経験 分裂病　岩崎学術出版社
仲村修　２００１　あとがき　李周洪ほか（仲村修とオリニ翻訳会編訳）　コリア児童文学選　愛の韓国童話集　素人社　pp.217-225
横田正夫　２０１２a　日韓の長編アニメーションの心理分析―「Green Days～大切な日の夢～」と「コクリコ坂から」―　日本大学文理学部人文科学研究所研究紀要　第84号　95-111
横田正夫　２０１２b　今敏のアニメーションにおける停滞する悪意―成人期危機と中年期危機―　横田正夫・小出正志・池田宏編　アニメーションの事典　朝倉書房　pp.305-309
横田正夫　２０１７　韓国長編アニメーション「そばの花、運のいい日、そして春春」の臨床心理学的検討　日本大学文理学部人文科学研究所研究紀要　第93号　17-34

第8章
第2部のまとめ

第2部は子ども向け作品を検討することであった。子ども向け作品という意味は、長編アニメーションでは主人公が小学生であるということ、短編アニメーションでは教育用アニメーションであると考えた。

取り上げた作品は、映画『若おかみは小学生！』、岡本忠成の短編4作品『チコタン　ぼくのおよめさん』『モチモチの木』『南無一病息災』『おこんじょうるり』、そしてアン・ジェフン監督の『にわか雨』であった。

映画『若おかみは小学生！』、『チコタン　ぼくのおよめさん』、『にわか雨』の主人公はいずれも小学生であった。

1　死の不条理についての体験

ここで取り上げた諸作品に共通しているのは、子ども向け作品であるにもかかわらず死の不条理が取り上げられているということである。

映画『若おかみは小学生！』の主人公おっこの両親、および『チコタン　ぼくのおよめさん』のチコタンは交通事故死した。

『モチモチの木』では、死そのものは描かれないが、祖父と5歳の男の子豆太の二人の生活で、祖父が夜中に突然苦しみ始めたので豆太は祖父が亡くなるという恐れを抱いた。

『南無一病息災』の与茂平は、青鬼に憑りつかれながら、青鬼と共存し、長生きをして亡くなった。

『おこんじょうるり』の狐のおこんは馬子に殺され、残された婆様はその後亡くなったことが語られた。

『にわか雨』では少女が亡くなった。

以上のようにいずれの作品にも死が描かれるか、死が暗示されている。

しかしながらそこで描かれる死に対する反応は三つに分かれるように思われる。一つは大きなショック体験である。

映画『若おかみは小学生！』では、おっこは交通事故の加害者に出会って、大きな感情的な混乱を体験し、感情の谷に落ち込んだ。

『チコタン　ぼくのおよめさん』では、男の子は人々の集団をロボットのように感じ、暗黒の中にいるような体験をした。

『モチモチの木』の豆太は、爺様が亡くなってしまうと必死になって山道を駆け降りた。死の不条理に接し、それまでの親密な関係が切れてしまったことの喪失感あるいは失うかもしれない恐れに、感情が激しく揺さぶられる。場合によっては感情の谷に落ち込み、外界の認知が歪み、必死な行動が起こる。こうした体験をするのは子どもたちであった。

二つ目の体験としては、『南無一病息災』の与茂平のように、長生きして天寿を全うした後の死である。与茂平の死後、村人たちは、与茂平に向かって祈りを捧げる。

『おこんじょうるり』の婆様はもともと高齢であり、抑うつ的であったのを、おこんの浄瑠璃によって元気になった経緯がある。おこんが婆様の身代わりになって死に、その後に婆様も亡くなったと語られている。高齢になった死は必然的に訪れるが、その死ぬ時においてそれまでにどの程度充実した体験をしてきているかが問われているようである。

三つ目の体験として『にわか雨』の少女の死があるだろう。少女がどのように死に対処していたかについては、少女自身によって語られることはないが、少女が男の子に出会って示す笑顔に、生きていることの喜びが滲み出ている。大きな感情の発露があるわけではなく、ただ衣服についた染みの話題であっても、女の子には大切な出来事のようである。日常の何気ない出来事が、大切なものになっている。男の子の父親は少女の死を立派と評価する。いつもの服を着せてくれといって亡くなった少女を、自分の意志を持っていたと評価しているのであろう。少女でありながら死を受け入れていたことがよくわかる。

以上のように、作品の中で描かれていた死は、死に出合った時の反応、死に出合うまでの生活の質、日常的な出来事としての死の受容といったそれぞれ異なる側面についてであった。

2　日常の変容

死の不条理に出合って、主人公が体験したのは、多くの場合日常の変容体験であった。

映画『若おかみは小学生！』のおっこは、両親が亡くなっているという実感がなく、生きていると実感し続けていた。その実感が喪失したのが、交通事故の加害者に出会って、感情の谷に落ち込んだ時であった。この時に激情がこみ上げてきたおっこには、両親のイメージが目の前に立ち上がっているにもかかわらず、激情を抑えきれず、ウリ坊の心配する声も聞こえず、またその姿も見えなくなってしまった。周囲と関係が完全に遮断されてしまった。

『チコタン　ぼくのおよめさん』では、チコタンの死に接し、人々がロボットのように行進するイメージを持った。これを自我体験の一つの表れと解釈したが、それはそれまでの自分とは違ってしまったという意識を伴うものであった。日常に違和感を持ち、日常の自明性が怪しくなったのである。

『モチモチの木』では、豆太が、家の前の木に火が灯ったと知覚する体験を持った。日常では出合うことのないような、畏怖を起こさせるような自然との合一体験である。その意味では日常の変容体験である。

『南無一病息災』の与茂平は、青鬼が胸に棲みついていることをイメージし、青鬼と張り合わないで生活している。身体の中に青鬼のイメージを持つことは、内面の自然を、違和化して、意識し続けることであろう。全くの日常的なことであれば、身体の中のことに意識を向けずに過ごすことができるが、そこを意識し続けるのである。

『おこんじょうるり』では、抑うつ的になって横になっていた婆様が、おこんの浄瑠璃によって日輪のイメージを持ち、元気を回復し、以後おこんと暮らすようになる。おこんは狐であり、おこんの浄瑠璃が人々の病を癒すのであるから完全に非日常的な出来事である。

『にわか雨』では、少年は小学校に通う日常の中で、少女はいつも川のところにいるという非日常的な出来事に出合う。

以上のようにアニメーション作品では死の不条理に接するのであるが、死に接する前後において日常の変容体験が起こる。そして日常の変容体験の中で、前向き行動力が起こってくる。

映画『若おかみは小学生！』のおっこは、宿泊客の水領に誘われて車でショッピングに出かける時に、車の中で父親と母親の姿が見え、過呼吸発作を起こす。心配した水領は、ショッピングは中止しようというが、おっこはショッピングに行くことを希望する。そして存分にショッピングを楽しむのである。

『チコタン　ぼくのおよめさん』では、チコタンの死に出合う前に、男の子は初恋の相手チコタンにさまざまな恋のアプローチを繰り広げる。その行動力はまことに素晴らしい。好きだと直截に表現し快い。いろいろな生き物に変身してしまう様子も愉快であり、またチコタンから好きだと言われて有頂天になって日本全国を飛び回り、果ては富士山の天辺で飛び上がるのもまた初恋の感動として微笑ましい。

『モチモチの木』の豆太は、麓まで半日かかる暗い夜道を一人で駆け降り、お医者様を呼んでくる。爺様が死んでしまうかもしれない恐れが引き起こした行動力である。

『南無一病息災』の与茂平は、身体が弱いながらいろいろ知恵を働かせて、獲物を捕まえた。そして嫁さんをもらい、子どもをもうけた。十分に活動的であった。

『おこんじょうるり』では、婆様とおこんは一緒になって病人を治しに行くので、忙しい毎日を送っていた。

『にわか雨』の少女は、病にもかかわらず、寝ているのに飽きちゃったといって川辺で少年の来るのを待っていた。

日常の変容体験が起こるのと同時に前向き行動力の高まりも起こってきていた。

3　日常に戻る

死の不条理に接し、日常の変容体験の後に何が起こったかといえば、結局日常が戻ったのである。

映画『若おかみは小学生！』では、加害者の方がつらいというにもかかわらず、おっこは誰でも拒まないといって、彼の家族を旅館に受け入れた。

『チコタン　ぼくのおよめさん』では、チコタンの死後、男の子がどうなったかについては描かれてはいないが、男の子は、家族の支えもあって、日常に復帰したのではなかろうか。

『モチモチの木』の豆太は、モチモチの木に火が灯るのを見た後にもいつものように夜尿が起こり、爺様を困らせた。

『南無一病息災』の与茂平が亡くなった後、村の人たちは与茂平を見習って、与茂平を毎朝拝むようになった。

『おこんじょうるり』の婆様は、おこんが死んでから、静穏な表情をして亡くなったと語られた。

『にわか雨』では、少女の死を聞いた少年は、ひとり庭でふっと佇む。何ら劇的なことが起こらない。

いずれにしてもアニメーションでは死の不条理に接し、一時的に日常の変容が起こったとしても、すぐに日常に戻ることができている。日常を送ることが大切なのだと語っているようである。

では日常に戻った時の主人公たちは、死の不条理に出合う前の彼らと同じだったのであろうか。同じではなくなっていると思える。

例えば映画『若おかみは小学生！』のところで述べたように、おっこは自己中心性を少しずらすようになって、両親を失った悲しみは悲しみとして、他者を受け入れられるようになった。両親を失った悲しみに焦点づけられている限り、その悲しみを通してしか世界を見ることができない。しかし感情の谷を抜けた時、自己の悲しみを脇に置くことができるようになったと思われる。

その他の作品では、主人公たちの行動に大きな変化は示されていない。

しかし参照すべきは与茂平であろう。与茂平に憑りついた青鬼は病の象徴であろうが、同時に死を内包するものでもある。青鬼との関係がうまくいかなければ、青鬼の暴走が起こりかねない。それはもう一人の登場人物五郎市が、赤鬼に憑りつかれるやいなや死んでしまったことによく示されている。つまり与茂平は青鬼といった死を内包させながら、日常をよりよく生きようと努力した。そうした姿が村の人々を感動させたために、村人たちは、朝、与茂平に向かって祈りを捧げるようになったのであろう。

他の作品について見れば、死を内包させた日常において、豆太は、木に火が灯るのを目にし、婆様はおこんの浄瑠璃によって日輪のイメージを目にし、元気になったのである。

日常をよりよく生きる表れが、自然の中に、いつもと違った感動を体験し、生きる活力をもたらすのであろう。こうした死を内包とした生の様子を神谷（1982）は次のように述べている。

「生が自然のものなら死もまた自然のものである。死をいたずらに恐れるよりも現在の一日一日を大切に生きて行こう。現在なお人生の美しいものにふれうるよろこび、孤独の深まりゆくなかで、静かに人生の味をかみしめつつ、最後の旅の道のりを歩んでいこう。その旅の行き着く先は宇宙を支配する法そのものとの合体にほかならない。その合体の中にこそもっとも大きな安らぎがあることを、少なくとも高齢の人は直感しているようにみえることが多い。」（一七八頁）

神谷が述べていることは高齢の人の日常の在り方ではあるが、アニメーションで描かれる日常の変容体験は、死を内包としながらも「現在の一日一日を大切に生きて行こう」とする姿の表れとみることができる。第２部で紹介したアニメーションは、日常の中に死を内包しているが、それゆえに日常を大切に生きているということをよく示していると思う。

また高畑（２００７）は『やぶにらみの暴君』（１９５２）のちに改題されて『王と鳥』（１９８０）（監督：ポール・グリモー／脚本：ジャック・プレヴェール、ポール・グリモー／原作：ハンス・クリスチャン・アンデルセン）とされたフランスのアニメーションについて分析した本の中で、蓄音機から流れ出るジャック・プレヴェールの「五月の唄」について次のように書いている。

「生はさくらんぼ
死はたね

恋はさくらの木。

この唄で注目したいのは、生命という木が愛を育てるのではなく、恋＝愛が木で、その愛こそが生命や生活という果実を実らせ、はぐくみ育てるのだ。そして死は、次代に愛＝木を蘇らせるためのたねである、というところです。」（二〇四頁）

この高畑の詩の引用とその解説の「死はたね」の部分については、『南無一病息災』の与茂平によく当てはまっているように見える。つまり与茂平の生き方は、彼の死を介して、村人たちに伝わっている。与茂平の死が種のようにして、次世代に、その生き方が伝播している。そして与茂平の生き方は、おっこや豆太、『チコタン　ぼくのおよめさん』の男の子、『にわか雨』の男の子にも本質的に備わっている。

彼らは、日常の変容体験を持つ分、死を内包し、一日一日を意味あるものにしようと前向き行動力を発揮しているのである。

【第8章　引用文献】

神谷美恵子　1982　神谷美恵子著作集3　こころの旅―付・本との出会い―　みすず書房
高畑勲　2007　漫画映画の志―『やぶにらみの暴君』と『王と鳥』―　岩波書店

第3部
前向き行動力の阻害

第1部・第2部では、アニメーションに見られる前向き行動力について述べてきた。第1部では、主人公は、前向き行動力を発揮して危機を脱し、あるいは大きな仕事を成し遂げていた。それは見ていて気持ちの良いもので、大ヒットに繋がったと思われる。

第1部で取り上げた作品に共通していた点は、複数の登場人物の間で、共通した世界に入ってゆくことであった。『風立ちぬ』であれば、二郎とカプローニの二人の夢の世界であり、『天気の子』では、帆高は陽菜を天の世界（死の世界）まで助けに行くのであり、『千年女優』では、千代子の語りの世界に立花と井田が入り込んでいた。それぞれの共通した世界は、ファンタジーの世界であり、美しく、気持ちの良い世界で、見ていて快感をもたらすようなものであった。天の世界（死の世界）も、雲の上のまことに美しい世界で、死の世界で連想するような暗い、闇の世界ではなく、光に満ちた、明るく、輝く世界であった。

第2部では子どもが主人公である作品、ないしは教育用のアニメーションを検討した。第2部で扱われた作品は、前向き行動力が現れてくるが、それを阻害する心の問題が生じ、阻害する大きなものが死であった。しかしそうした死を抱えながらも前向き行動力が発揮されるのは、抱える死と生を調和させているためであることが語られた。

第2部で語られている重要な点は、変容体験が、日常の中に起こってくることであった。例えば、目の前の木が、輝きに満ちて、生きる支えにもなり得るのであった。日常の中で、そうした支えになるような変容体験が、生活の質を豊かにすることを示していた。こうした生活の質の豊かさは、内在する死の意識とのバランスの中で生まれてくると考えられた。

第1部で示した人々の共通世界も、第2部で語られた日常の中に現れてくる変容体験も、今まで誰も目にしたことのないような、斬新さと、驚きに満ちていた。新しい発見につながるようなものであった。

しかしこの第3部では、そもそも前向き行動力が発揮できないような事態もあることを示したい。人々との共通世界は成り立たず、日常の中に変容体験があったとして、それは前向き行動力につながらない。むしろ阻害要因になる。第1部と第2部で述べられたものをすべて否定するような世界である。

取り上げる作品は、高畑勲監督の『かぐや姫の物語』である。

第9章 高畑勲『かぐや姫の物語』

高畑勲監督の『かぐや姫の物語』は「竹取物語」を原作にしているが、原作にはほとんど触れられていないかぐや姫の山での生活が、姫の成長過程とともに描かれていることに特徴がある。『かぐや姫の物語』については先に報告した（横田、２０２０）ことがあるが、ここでは感情の谷（横田、２０１７）との関連ではなく、『にわか雨』の少女に見られたように、死を内在させながらの生として捉えてみたい。

しかし『にわか雨』では、少年との関連の中で生を味わった（死を感じているがために今の生きている瞬間が充実していた）のであったが、かぐや姫はそのような生を十分に味わえなかったと思われる。むしろ死は虚無であり、その虚無のために現実は輝きを失い、現実にポジティブに向き合えなくなってしまう。そうした死とのかかわり方である。

1　虚無の世界

『かぐや姫の物語』において、最初に虚無をかぐや姫が感じるのは、名付けの儀式のときであろう。その始まりは、これまでいくつかの章で紹介してきた自我体験であった。そのところをまずは見てみたい。

竹から生まれたかぐや姫は、木地師の子どもたちに仲間と認められ、楽しい子ども時代を過ごすが、翁は姫を高貴な姫君に育て上げたいと思い、山から都に引っ越し、大邸宅を建て、養育係を雇い、高貴な姫にするための教育を始めた。やがて大人になったことを示す初潮が訪れた。それを知った翁と媼は盛大な名付けの宴を催す。

名付けの儀式では、姫は御簾の奥で、三日三晩続く宴席とは隔絶されたように女童といるだけであり、まるで打ち捨てられたように感じる。そのことを姫は女童に向かって、姫のための祝の席なのだよね、と確認をする。女童は当然のことを聞くといったような答え方をして、姫の違和感に全く共感を示さない。姫の感じた違和感は自我体験に相当しよう。しかし姫の体験はすぐに自我体験を超えてしまう。

宴席の人々は、姫の全く見知らぬ他人で、しかも御簾の中の姫に聞こえるように、姫の顔を拝ませろといった暴言を、翁に向かって、発する。おばけみたいだったりして、といった声も聞こえる。この暴言は、姫には心理的なショックを与えた。
統合失調症の発病に先立ち、何気ない一言が自我を震撼させるような不意打ちの一撃として働くことがある。このことについて述べた安永（1992）の文章を引用してみたい。

「発病の直接契機としてもっとも急性、衝撃的なものもあり得る。その中で特に『他人から突然あびせかけられた言葉（ないし態度）』というカテゴリーのものを注目しておきたい。それはたいてい本人の弱点をグサリとつく、といったたぐいのものであるが、むしろ重要なのは主体にとって〝そんな言葉をうけようとは思ってもいなかった〟という『不意打ち』要因にあるように思われる。彼が子供のように（ナイーヴに、自己愛的に）信頼している時に浴びるこの種の言葉は彼を動てんさせる。」（一〇五頁）

こうした不意打ちの言葉を受けて、姫の心は閉ざされてゆき、ここにいたくないという思いが強くなり、手にした貝殻を指で割ってしまうのをきっかけに、部屋の外へ、屋敷の外へ、そして都の外へ、身につけたきらびやかな衣装を一枚一枚脱ぎ捨てながら走り去ってゆく。貝殻を指で割って、都大路を、衣を脱ぎ捨てながら走り去る、といったイメージで象徴されるのは、姫の自我が、大きく動揺しているということである。それまでの姫の自我とは全く違った自我が立ち現われ、新しい自我がそれまでの自我から飛び出していったような印象である。それまでの自我と今の自我が違ってしまったと感じる体験は、よくある自我体験として知られるものであるが、これまで紹介してきた自我体験では、姫のように、置かれた状況の中から出奔してしまうような行動化は起こっていない。例えば、第2章では、人間がロボットに見えるといったような外界の変容体験であった。

しかし姫の場合は、外界の変容体験ではなく、その場から出奔するという行動化が起こってしまった。この行動化が暗示するのは、逃げ出さなければと感じてしまうほど自我を震撼させる、あるいは自我の存在を脅かす脅威があったということである。逃げなければ、と思うほどの恐怖を感じたのであり、その恐怖は、都大路を抜け、山に入り、道なき道の中でも逃げなければと思わせるほどのものであった。恐怖に憑りつかれてしまい、狂気の形相で、逃げたのである。

御簾の中の姫が聞きつけた声と姫の行動との間には、大きな落差がある。御簾の中の姫に聞こえた声は、確かに聞き苦しいものであり、神経を逆なでするような不快さをもたらすものではあるとしても、通常ならば聞き流して済まされるようなたぐいのものであった。しかし姫は違った。出奔し、都からどのくらい離れているのかわからないが、姫が住んでいた元の家の前まで行ってしまった。姫の恐怖が、癒される先は、元住んでいた家、であるはずであった。

その時、姫は、笹の枝を持ち、彼女の服はぼろぼろになっている。アニメーションの設計図である絵コンテ（高畑ほか、２０１３）では、笹の枝について、狂女の象徴、と説明書きがある。姫は、狂気に落ちていったと設計されていた。

姫がたどり着いた元住んでいた家には、しかし、すでに別の家族が住んでいた。木地師の家があったところも無人になっていた。姫の馴染みの空間は消滅していたことになる。しかし本当に消滅してしまったのではないことが暗示される。それは炭焼きの男の語りによって得られる。

炭焼き仕事をしている男のところで姫は、木地師について尋ねると、その男は山の木が再生する10年ほどたてば戻ってくる、と言う。姫は山の木々が死んでしまったと思う（姫はまだ冬を知らない。これが姫の初めての冬である）が、炭焼きは、近くの小枝を折って姫に示し、若芽が出ていることを教える。姫は春がまた来ると理解する。

炭焼きの若芽を見せた説明は、第8章で紹介した「五月の唄」を連想させる。「五月の唄」も季節の移り変わりを簡潔な言葉で詠っている。高畑（2004）は、ジャック・プレヴェールの『ことばたち』の翻訳に解説と注解を施している。その解説と注解の中で「五月の唄」に触れている部分がある。先の引用と被る部分もあるが、引用してみたい。

「恋愛映画の名脚本家であったプレヴェールは、詩人としても『愛の詩人』とよばれ、世界的に有名になった。彼は、愛の諸相を歌っただけでなく、単純な言葉で愛や生や死の本質を見事に言い当てた。

生《いのち》はさくらんぼ　La vie est une cerise
死は果核《たね》　La mort est un noyau
恋はさくらの木。　L'amour un cerisier.

（『やぶにらみの暴君』＝『王と鳥』より）

命やくらしは果実で、死はその中にあって次の命を生み出す種、そして恋や愛こそが、命やくらしを育み豊かにする木であり、生きる喜びの源泉だというのである。彼は個人的にも大恋愛も経験し、晩年には『世界には五か六の不思議はなくて、ただ一つだけ。それは愛』（『よもやま』より）とさえ断言した。プレヴェールの愛はしかし、けっして相手を、そして自分を閉じ込めることはなかった。」（九頁）

少し長い引用になったが、プレヴェールの詩は、炭焼きの言葉と同様に、新しい芽が出ているという自然の営みを教えてくれる。ただプレヴェールは、愛の重要性を語っているが、姫は、この時、愛については自分の中にあることを少しも気づいていない。とはいうものの炭焼きに木地師のことを尋ねたのは、そこに住まう幼なじみの捨丸のことを思い出していたのであろう。炭焼きが振り返ると、姫は、忽然と消えていた。姫は、雪の降る中を彷徨い、倒れ伏してしまう。

姫はこの景色知っている、と呟く。

姫が見ていたのは荒涼とした、月の世界、であった。姫の意識は月の世界に行ってしまったようであり、姫の周りに飛天が飛んでいる。

以上紹介したような姫の出奔は、狂気の世界に入ってしまったことを示し、その行きついた先は、月の世界であり、荒涼としたものであった。

第1部で紹介した異世界は、色彩に溢れた光輝くような豊かな世界であったが、姫の見た世界はそれとは全く逆の世界であった。姫は、子ども時代に体験した木地師の子どもたちと一緒に遊んだ山の緑豊かで食べ物の豊富な世界を頂点として、そこから、月の世界の荒涼とした世界へと転落してしまった。そこはまさに虚無の世界である。

心理学的に考えれば、月の世界は無意識の世界と言い換えても良いであろう。つまり心の奥底の無意識が月（死）につながっている。先に不意打ちが統合失調症の発病契機になり得ることを述べたが、統合失調症患者の夢は寂しいものが多いことが知られている（中井、２０２０）。姫の見た月の世界の荒涼とした様子は、統合失調症患者の夢につながるものと考えることができる。

高畑（２０１３ａ）は、かぐや姫がなぜ地球に来たのかについての回答をインタビューの中で語っている。少し長いが引用してみたい。

「かぐや姫が『罪』だの『昔の契り』だののために地上におろされた、という原作の言葉から、『なぜ、何のために、かぐや姫は地上にやってきたのか』を読み解けばよい。実は僕は五十数年前、それがぱっと読み解けた気がしたんです。そのヒントは月と地球の違いです。原作に書いてあるとおり、月は清浄無垢で悩みや苦しみがないかもしれないけれど、豊かな色彩も満ちあふれる生命もない。もしもかぐや姫が、月で、地上の鳥虫けもの草木花、それから水のことを知ったら、そして人の喜怒哀楽や愛の不思議さに気づいたら、地球に憧れて、行ってそこで生きてみたくなるのは当然じゃないかと。」（二七頁）

この高畑のインタビューでの発言は、月と地球を比較しているのであって、無意識云々を持ち出す（あるいは統合失調症を持ち出す）のは、筋が違うと感じる人がいるかもしれない。しかし高畑（２０１９）は『かぐや姫の物語』について語っている中の注で、ユング派のアプローチにも言及している。つまりユング派の物語の分析についても理解し、無意識についても、考慮していたと思われる。そのこともあって、ここでは月の世界を無意識の世界と考えたいのである。つまり、高畑は、姫が落ち込んだ無意識の世界（夢の世界あるいは異界）を、多くのアニメーションが示してきているような豊穣の世界ではなく、貧困化したもの（光はあるが色のない世界）として暗示した。

姫が気づくと元の御簾の中であった。全く時間がたっていなかった。

こうした時間がたっていないけれども異世界へ行っていたという描き方は、日本のアニメーションで好んで行ってきたことであった（横田、２００９）。

通常、日本のアニメーションでは第１部のアニメーションのように、異世界は豊かな豊穣の世界として示されるのに対し、高畑は貧困で荒涼とした世界を提示した。前者はミンコフスキー（１９５４）のいう豊かな自閉、後者は貧しい自閉に対応する。

2 花見のまやかし

さて第2部では、現実の中で体験されるものの中での変容体験が好んで描かれることを示した。例えば、『モチモチの木』の豆太は、モチモチの木に火が灯るのを見たのであった。その体験は豆太にとっては非常に感動的なものであった。この豆太の体験と同様な体験を姫も持ったと思われる。それは、例えば、雑誌『ユリイカ』（２０１３年12月号）、『キネマ旬報』（２０１３年12月上旬号）、『Ｓｗｉｔｃｈ』（２０１３年12月号）、『美術手帳』（２０１４年１月号）、『アニメージュ』（２０１４年１月号）の表紙を飾っていた、満開の大きな桜の木の下で身体を回転して喜びを示した場面である。両手を広げて、桜を見上げている姫の姿はまことに嬉しそうである。これらの表紙の絵が『かぐや姫の物語』を代表しているようである。

それらからは姫が豆太と同じように満開の桜に感動しているように見える。

では、実際にどうであったか、この前後の場面を、見てみたい。

五人の貴公子の結婚の申し込みに難題を課すことでしのいだ姫が、花見をしたいと媼と女童と三人で出かけた時のことである。小川の橋を渡ってゆくと満開の桜の巨木がある。一人牛車から飛び降りて桜の花の下に駆けてゆき、大はしゃぎで、両手を広げて、笑い声をあげて、踊り回る（この場面が上記のように雑誌の表紙を飾った）。

姫の笑い声の合間に、子どもの笑い声が、幻聴のように挿入される。

と、姫は、幼子に突き当たってしまう。

現実に引き戻される。姫の前には平伏している幼子の母親がいる。母親は、申し訳ありませんと言ってそそくさと離れてゆく。美しい衣服に包まれた姫と粗末な衣服の母子との間には超えられない壁があると感じられる。それまでの嬉しい気持ちは消し飛んで、ちょうどやってきた媼と女童に、冷たく、帰りましょう、と言う。

取りつくしまもない。

この時、姫は、自分のいる世界が母子たちの住んでいる世界とは違うという自覚が生じ、それに恐怖を感じたのではなかろうか。名付けの儀式の時には恐怖を感じて遁走してしまったが、この時はそうした行動化も起こらず、身体が恐怖のために硬直してしまった。

以上のように、姫の場合、満開の桜によって浮き浮きした気分は、一瞬のうちに萎んでしまった。豆太のように、モチモチの木に火が灯った、という感動が、後々まで残ったのとは異なっていた。

第６章で触れた豆太はモチモチの木に火が灯って見える前にも、毎日のように家の前にあるこの木と対話していた。それはたとえ木に対して悪口を言うようなものであっても、対話していたことには変わりない。フランクル（１９６１）の感動的な記録も、死にゆく女性が、木と対話を重ねていたのであり、木と一回だけ出合ったということではなかった。しかしここでの姫は、桜の木に初見である。

姫の桜の木の下での感動は、ではどのような体験の象徴なのであろうか。

それはアニメーションの観客が、アニメーションの世界にとっぷりとつかり、感動して、何か生きる力をもらったように感じたとしても、その感じは現実を前にして、見る影もなく萎んでしまうことに対応していないだろうか。姫の体験では、子どもの笑い声が、幻聴（絵コンテに「幻聴的」という言葉が使われている）のように聞こえてくるのである。姫の満開の桜に対する感動がいかに平板かよくわかる。

姫のエピソードが示していることは、日常的に繰り返されている中で見出される感動に意味があるのであり、一時的な感動は、それがいかに大きくとも、ごまかしではないか、ということのように思われる。

3　真心という言葉のまやかし

三年余り経過し、貴公子たちが、姫の出した難題に対して応えるべく来訪する。車持皇子は、蓬莱の玉の枝を、阿部右大臣は火鼡の皮衣を持参するが、いずれもまがい物であった。

そうした中、石作皇子は仏の御石の鉢の代わりに一輪のレンゲの花を持参する。このレンゲの花のエピソードは高畑のオリジナルである。

石作皇子は、仏の御石の鉢宝の代わりに一輪のレンゲの花を持ってきた理由を語る。彼は、仏の御石の鉢宝を探し求めたが、ふと足元に可憐な花が咲いているのに気づき、姫の求めていたのは何物にも代えがたい姫を愛する真心だと悟ったというのである。

御簾の裏で姫はその話を聞いている。そして真心という言葉に、心を動かされたようである。真心が欲しかったのであって、宝玉が欲しかったのではなかったのだと。

石作皇子は自分の語りに熱が入り、自分の語りを信じ切っているようである。続けて、そして都ではないどこかに二人で行きましょう、と御簾に迫ってゆく。

しかし御簾の中にいたのは鬼瓦のような顔をした、皇子の妻であった。

驚き慌てた皇子は妻に許しを請う。

皇子の妻は、捨てられて仏門に入った姫が何人いることか、と皇子に言う。

この様子を御簾の裏から見ていた姫は、心を大きくゆすぶられてしまう。

蓬莱の玉の枝を持参した車持皇子が、まがい物と露見した後も、そのまがい物を大事そうに抱えて退散するその姿を、また火鼡の皮衣を持参した阿部右大臣の、その皮衣が燃え尽きてしまって慌てふためくそのさまを、姫は、楽しげに見ていたのに対し、石作皇子の言葉のまやかしには絶望的な様子を示す。姫は石作皇子の真心を、言葉ではなくその心を信じたかったのではないか、と思われるような様子である。真心が感じられれば、結婚しても良いと思ったかのようである。不思議である。

姫は、高畑（2019）によれば、結婚したいとは少しも思っていなかったはずなのである。

結局、姫には愛が最も大事なことであった、ということなのであろうか。石作皇子が、真心を示すことができていれば、愛することができた、と言いたいのであろうか。ここで高畑

（2019）の示唆的な言葉を引用してみたい。

「現実の中では、行動の動機である心情がいくら美しくても、それがそのままよい結果をもたらすとは限らない。しかし私たち日本人はその『気持』の方を高く評価してしまいがちです。だからこそ、日本アニメの世界では、現実世界でと違い、よい心情は必ずよい結果を生んで、観客の気持を裏切らないようにします。そこでは、因果関係の客観性・論理性は問われません。」（二〇頁）

この高畑の言葉とは逆に、石作皇子の「真心」の強調は、すればするほど怪しげに変容してしまう。したがって石作皇子の存在は、日本のアニメーションの、真心をことさら大きな声で強調する傾向への高畑の危惧の念の具体化と思える。現実世界では表現された言葉とその背後の意図が相反していることはよくある。そうした体験を、日常生活ですることが、大切なのである。しかし、姫には、その矛盾が耐えられない。激しく感情が動かされている様子からそのことが想像される。姫は「真心」がまやかしだったということに衝撃を受け、そのことに囚われてしまったように思える。というのもこの後の展開が、また不思議だからである。高畑によればかぐや姫は冷たいこころを持った人という解釈であるのに、アニメーションではそうなっていない。

姫は、五人の貴公子が、皆不幸になったことを知って、急に鎌を持って、山の住んでいた家や付近の様子を再現して作った箱庭を粉々に壊してしまう。ニセモノ、と言いながら。この行動も、姫自身の存在が、現実の地平からなくなってしまうような恐怖を感じたことを示していないだろうか。恐怖を感じたがゆえの破壊行動ではなかったろうか。

そして姫は私もニセモノ、と決めつける。

姫のために、貴公子たちが皆不幸になった、と言うのを聞いた媼は、姫のせいではないと言う。

しかし、姫はニセモノの私のせいだと泣きじゃくるばかりである。

このニセモノと自身を規定する件で、姫の心は再び月と感応したらしい。ニセモノと言い張っている姫の背後には、月が輝き、まるで月が姫の様子を見ているようなのである。

この時、姫は心が大きく混乱している状態である。その状態で、今の自分は、本物とは感じられず、ニセモノと思う。第6章の『チコタン　ぼくのおよめさん』で、チコタンの交通事故死によって人々がロボットのように見えてしまう現象を紹介し、自我体験の一つとして人がロボットに見えてしまうという体験に触れた。この自我体験ではロボットに見えてしまうのは他者であった。他者が変容したのである。しかし姫の体験したのは自分がニセモノという体験である。最初は、求婚者がニセモノを持ってきたということで、ニセモノを意識したが、それがいつしか自分にまで波及してしまった。要するに他者の変容体験ではなく、自己のニセモノへの変容体験が起こった。

ではは本物の自分はどこにあると姫は感じているのだろうか。このことについてアニメーショ

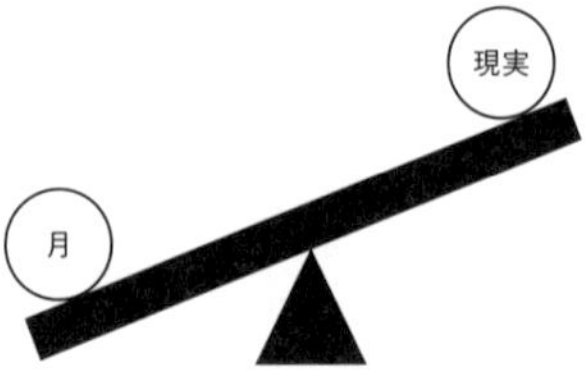

図23　月が現実より重い

ンは何も語っていない。しかしアニメーションのこれまでの経過の中で語られていたのは、姫の心が一度現実から離れてしまったことが過去にあったということである。それは名付けの儀式の時であった。姫は狂気の世界に落ち込み、月の世界を見たのであり、月の世界が姫の無意識に繋がった。つまり現実世界と月世界の二重構造が姫の心の中に生じた。そして、現実世界が姫にはニセモノと感じられたのであるから、本物は月世界ということになる。こうした体験世界は、自他の逆転した世界（安永、１９９２）に等しい。無意識が優位となり、無意識世界のリアリティが現実世界のそれよりも強くなった。姫の体験していたのは、そうした異常体験の世界と思われる。「真心」についての姫の反応も、異常体験の始まりに起こってくる体験世界の変容に合致する。

姫の体験をシーソーのモデルに当てはめれば図23のようになろう。これは図2に示した夢の部分を月に変更しただけのものである。この図によれば、姫にとって月世界が優位になることは、夢（無意識世界）が優位となる現象と同等である。そしてさらに無意識世界に完全に支配されてしまうのが、御門とのかかわりの後であろう。

次はその場面を見てみたい。

4 自他の逆転

御門と出会ったときに起こったことは、姫には衝撃的な事態であった。それは、姫が琴を弾いている背後から、密かに訪れた御門が、姫の身体を抱きすくめたことである。

あまりの出来事に姫は、恐懼する。

御門は、姫に向かって、私がこうするのを喜ばぬ女はいない、と言うが、姫は御門のもとには参りませんと言う。

無理に輿に連れ込もうとする御門は、姫の身体がスーッとなくなったので愕然とする。御門の手には、姫の服が残されているだけである。

御門が悪かった、姿を現してくれ、と頼むと、姫は姿を現す。御門が近寄ろうとすると、姫はそれを拒否する。

御門が立ち去ると、姫は力が抜けて、床に崩れ落ちる。手で身体を抱いて震える。

以上のように、姫に起こったことは、非常に異常な事態である。体がスーッとなくなってしまったのである。これは、姫の感じた恐怖が非常に強かったことを示している。現実世界の恐怖から身体ごと逃げたい、と感じたのである。そして月へ助けを求めてしまった。

こうした事態を、先の現実世界と無意識世界の二分法の発展で考えてみたい。

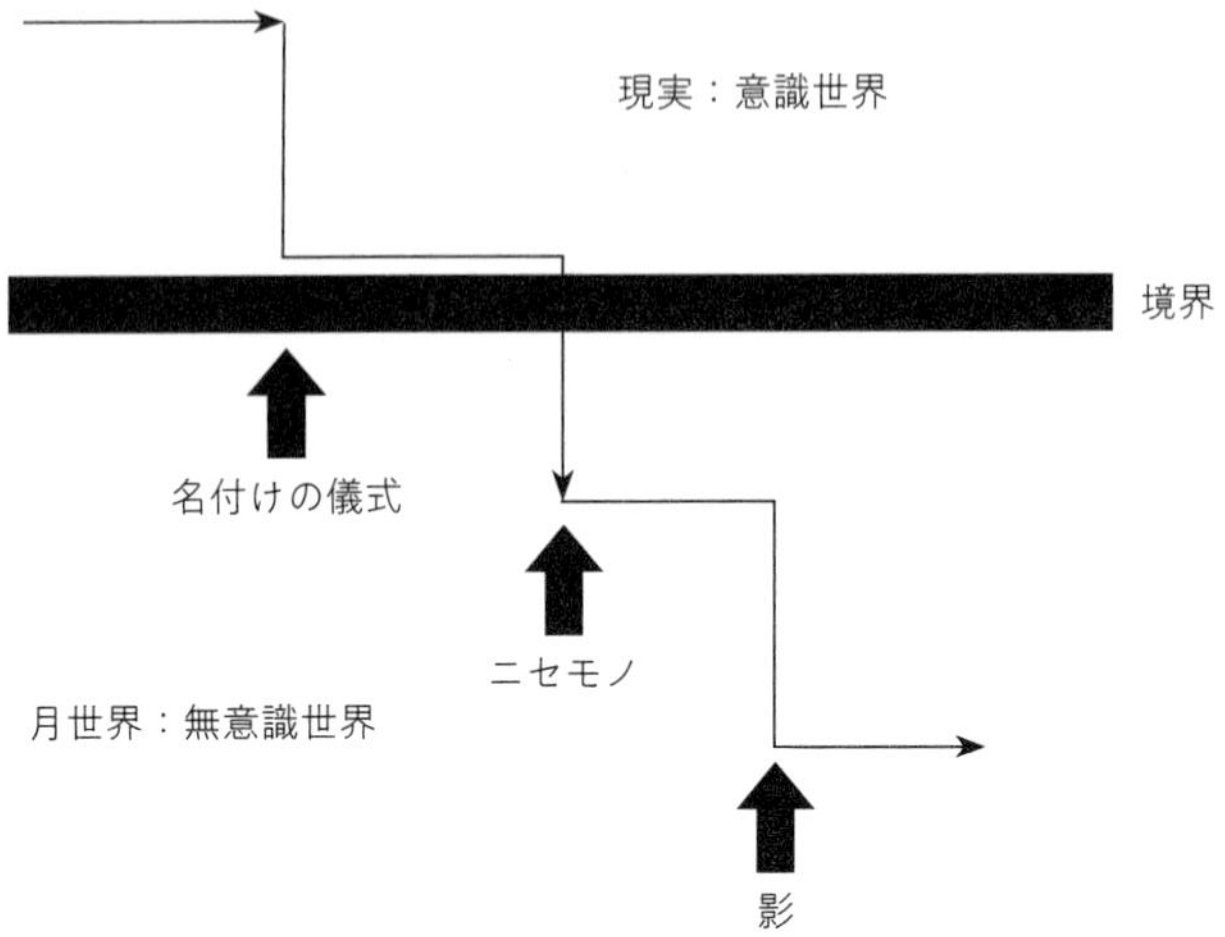

図24　月が現実より重い

先に述べたように、姫は名付けの儀式の時に月の世界を見ただけであったが、貴公子とのやり取りの後で自身をニセモノとみなしたことから月の世界が優位になったと考え、そうした後で、現実世界で身体が消えてしまったのであるから、身体的レベルにおいても姫は異世界へ行ってしまったことを暗示していないだろうか。ニセモノと感じていた時には、身体は、現実世界にあったが、御門に抱きすくめられた時に、身体そのものも月世界に行ってしまうという体験をしたのではないか。現実から身体が消えるのであるから、その身体は、別世界にあった、と見るべきである。こうした現象が起こり得るほど姫は恐怖を感じたのである。

高畑（２０１９）は、姫が自身を月の住人と認識する時があり、それが御門との経緯の時であって、それ以前のどこかで月の住人のイメージを持ったはずだと考えている。描き加えられたのが名付けの儀式の狂気とニセモノ体験であった。これらも月の住人の前駆的な体験と思われる。

以上の経緯を図示したのが図24である。

姫の心について二層構造として考え、現実（意識世界）と月世界（無意識世界）に分け、通常は明確な境目があって、現実は月世界とかかわらない。しかし名付けの儀式の時に狂気の状態に陥り意識のレベルが下がったので、月世界に接近し、月世界を覗き見ることになった。姫自身をニセモノと感じた時には、心理的には月世界が本物で、現実世界がニセモノと感じられたので、姫の意識は月世界に入り込んで現実を見ていることになる。しかしまだその体験は、それほどリアルなものではない。それが御門に抱きすくめられた時には現実世界から完全に月世界に行ってしまったので、意識も身体も月世界にあるということになった。つまり自身を月世界の住人と完全に理解した。月世界が姫にとっては現実で、現実世界が影になるという逆転が起こってしまったのである。

このように姫は現実世界から無意識世界へ落ち込み、さらには無意識世界の奥底へ落ち込んだ。

5　現実への回帰

姫は月世界の住人であると意識したとしても、現実生活についての意識も残っている。それを示す場面が捨丸との再会のシーンである。次にその場面を見てみよう。

姫は懐かしい山へやってくる。辺りを歩き回って、木地師の子どもたちと過ごした痕跡を発見し、懐かしんでいる。

そこへ成長し、子どもができた捨丸が、皆と一緒にやってくる。何かの気配を感じて、先に行くと言って、駆け出してゆく。

捨丸は姫を発見する。

姫も捨丸を見出し、捨丸兄ちゃんでしょ、と尋ねる。捨丸はタケノコと呼んでいいのか、と昔の呼び名について聞く。久しぶりの再会である。捨丸は、歌が聞こえた、と言い、姫は会えてよかったと満足そうな顔をする。ずっと帰ってきたかった、いつも思い出していた、と言う。さらには捨丸兄ちゃんとなら幸せになれた、と言うのである。

姫は子どものころは幸せだった、私は幸せになれた、と重ねて言う。

しかしもう遅い、と言う姫に、捨丸はどうして駄目なんだ、今から逃げよう、と無謀なことを言う。

俺はお前と逃げたいんだ、とさらに言う。

胸に飛び込んでくる姫に捨丸は、よーしといって抱えようとするが、姫は、それを避けて身についている衣服を脱いで転げまわる。

捨丸は、昔のタケノコを思い出して、子どものころのように嬉しくなって笑う。

姫は走り出し、捨丸も走り出し、一緒に崖から飛び出し、空を飛翔し始める。野を越え、山を越え、海に出る。目の前には大きな月が輝いている。姫は捨丸に抱きついてこの地に生きる喜びと幸せをもう少しだけどうか、と月に頼み、捨丸にもっと強く抱いて、と懇願する。しかし落下してゆき、捨丸は姫を抱き続けていられず、姫は海に落下する。捨丸は目が覚める。夢を見ていたのか、というように、タケノコを探す。しかし子どもが駆けてきて、山での生活の現実の意識が戻る。子どもを肩車する。姫の乗った牛車は、元来た道を戻ってゆく。

ここで描かれている姫と捨丸の交感は、まことに心が開放される。それまで抑圧されていた姫の感情が自然に流れ出し、その感情をそのまま受け止めてくれる捨丸がいる。生活の中で感情表出を禁止されてきた姫が、その禁止を考慮せずに、感情を表現できたのである。

高畑（２０１３ｂ）は、インタビューの中で次のように語っている。

「飛翔シーンはむろん男女の抱擁のつもりですよ。（中略）肉体的な接触は重要だと思っていて、だから子どもの時に猪から逃れたり崖から落ちたりして捨丸と触れあわせているんです。」（八〇頁）

また辻との対談で高畑（高畑・辻、２０１４）は簡潔に次のように述べている。

「恋愛ものは最初で最後です（笑）。」（六九頁）

つまり高畑が描いているのは姫と捨丸の恋愛である。そこで思い出すのが、「五月の唄」でのプレヴェールの愛についての言及である。つまり世界の不思議は一つだけで、それは愛である、という考えである。現実世界の中で、生きる喜びの源泉となるのが愛である、ということを高畑なりに表現しているように見える。もちろん高畑の表現しているのは、捨丸との飛翔シーンの中で、姫は自然の風物の美しさをも堪能していることでもある。このシーンは自然のもつ輝かしさが、見るものに自然と伝わってくる。

姫は戻りたかった山の生活は、結局、愛ということに行きついた。しかし姫と捨丸の愛の交感は突然終わる。捨丸は夢だった、と感じる。

高畑は対談（高畑・辻、２０１４）の中で次のように言う。

「そうです。絶対、現世が大事なんです。だって、この世が面白くないと駄目ですもんね。」（七三頁）

別のインタビュー（高畑、２０１３ｂ）でも同様に、

「結局、現実に還る以外ないと思うんです。」（八二頁）

と述べている。夢に耽溺していてはいけないのであり、現実に戻る必要がある。

6 姫の前向き行動力

姫の前向き行動力は、赤ん坊のころは目の前に現れた蛙を捕まえようとして発動し、ウリ坊が可愛らしいと思い近づいてゆくことに現れ、瓜が美味しいと聞けばそのまま瓜を手にしてしまうことに現れ、赤ん坊の世話を頼まれれば赤ん坊を背負うことに現れ、雉を追う時には子どもたちと一緒になって雉を追いかけることに発動していた。子ども時代には、前向き行動力を妨げるものはなく、自由な行動ができていた。

しかし都に出てからは、高貴な姫君になるために、という目的を掲げた教育係の相模の養育のために、姫の自由な行動はことごとく制限される。そんな中で自由を感じることが一部可能であったのが、嫗が育てている自家菜園の中であり、嫗にそこを自由に使うことを許されてからである。この狭い空間に、姫は山での生活を彷彿とするような風景を再現させていた。

姫が五人の貴公子に出した難題は、本来実現不可能なものであった。にもかかわらず、貴公子は課題を達成したと姫の前に現れた。不可能なものが不可能として成り立たない世界では、世の中が信頼できず、結局前向き行動力が発現できる余地がない。世の中を支える常識が覆されてしまったのであるから、異常事態であり、姫の心は引きこもらざるを得ない。御門が強引に姫に抱きつくという行為も、安定しているという世の中の常識が一気に覆ってしまうような事態である。それは、信頼した翁が、御門を手引きしなければ起こらない事態であるからである。もうここにいたくないと内心で思ってしまうのは仕方がない。家庭の中で起こる虐待の被害者が姫であると思えばよい。もうこの家には住みたくない、と一瞬でも思ってしまうのは当然のことである。

安心できる生活空間が、実は安定していないということを感じさせられてしまった姫は、前向き行動力を、発揮することがそもそもできなくなってしまった。

しかし翁から見れば、姫は我儘娘以外のなにものでもない。高畑（2019）は次のように解説している。

「ここにいたり、姫はもはや翁の手に負えない困った子、わがまま娘になっている。親を喜ばせることが一番の親孝行だとすれば、よい縁談を冷たくはねつけるほど親不孝なことはない。にもかかわらずこの親不孝者に対する翁の愛情は失せず、その驚くべき『わがまま』を許した。いや、許さざるをえなかった。御門の要求に対しては、『宮仕えをするくらいなら殺してほしい』『消え失せます、死にます』とまで言うのだから。むろん、これが翁の最大の苦労・心痛である。」（三六八－三六九頁）

このような翁からの視点を想定した後で、高畑（2019）は姫についての心理的な解釈も与えてくれる。

「いったい、かぐや姫にとってほんとうに喜ばしいことを、心から楽しめることを、翁や嫗は何かしてくれただろうか。かぐや姫もまた、この世に来て、何かを楽しんだだろうか。」（三七一頁）

高畑は、姫が地上で何の楽しみも持てなかったのではないかと疑問を呈している。高畑（2004）は先に触れたようにプレヴェールの詩を翻訳し、その解説と注解を出版している。その解説と注解の中で、

「『パパやママにしずかに拷問される子どもたちの血…』の一行は、『果核の時節』『子ども狩り』などを超えて、心に起因する少年犯罪が多発する現代日本の我々に直接響いてこないだろうか。」（四〇頁）

と述べている。

この文章中の「パパやママにしずかに拷問される子」がかぐや姫を連想させないだろうか。翁が姫に拷問を加えているわけではないのは明らかである。

しかし翁は、姫のことに関して、彼女に一切相談せず、勝手に決めてしまっている。翁の決めたことに姫は従えばよいと、ごく自然に考えている。姫の人格を認めていないのである。この人格を認めていないというのは現代の感覚ではある。しかし高畑が描きたかったのは、現代

の思春期の子どもの抱えている問題のはずである。とするならば、翁の感じている姫の我儘は、翁が姫の人格を無視していることによって生じているということになろう。高畑（２０１９）は、現代娘が、かぐや姫世界に行ってしまったらどのように反応するだろうかと想定し、御門への行動も現代娘の当然の反応と認めている。したがって翁の一方的な姫への振る舞いについても、現代娘の姫は、冷たく、拒否したくなる。そして翁の振る舞いが高じるがために「死にます」と言い出すほど追い詰められてしまう。追い詰められた気持ちになるということは、まさに「パパとママにしずかに拷問される」という事態に対応している。

高畑は、家族の中において、姫のように、人格を無視されるような扱いが起こりかねないことを危惧しているとみることもできる。そしてそうした人格を無視した振る舞いが、姫のように、無意識の底に沈みこんでしまう反応を起こしてしまうことにもなりかねない。月の住人と思い込んでしまうほどの精神的に追い詰められた状況は、まさに精神病レベルのものである。しかし姫のその後の展開は、実に素晴らしい。

姫の行動を紐解くための手がかりとしてユング（１９９２）の文章を引用してみたい。

「首尾一貫した退行は、自然な本能の世界との、すなわち形式的ないし理念的にいうなら原初的素材との再結合を意味する。この素材を意識が捕えることができれば、新しい活気と秩序がもたらされるだろう。ところが侵入してきた無意識の内容を同化する能力が意識にないことがあきらかになると、危機的状況が生じる。すなわち新しい内容が本来の混沌とした古代的な形式を保持し、意識の統一をはじきとばしてしまう。その結果生じる精神障害を、その特徴から精神分裂病と名づけている。」（二三六－二三七頁）

精神分裂病は今でいう統合失調症である。ユングの言おうとしていることは、姫のように月世界の住人と確信するような退行を、意識が捉えられるならば、新しい活力が生まれるが、それに失敗すると統合失調症を発症する、ということである。姫の場合は、捨丸に出会って、彼との間の愛情を確認できた。捨丸との間であれば新しい生活が送れたと確信できたのである。「五月の唄」の紹介のところで高畑（２００４）は、プレヴェールが愛を至上のものと考えていたとしてもそれが相手を所有するような関係を結ぶことではないと述べている。そうした関係は、並大抵の努力で維持されるものではないと知りながらも、世界の唯一の不思議なものなのである。そうした愛を、姫は、自ら見出し、その愛を実感できたために地球上の自然が、実に輝かしいものに見え、その上を捨丸と飛翔したのである。こうした意識化ができなければ、統合失調症に陥っていたかもしれなかった姫であったが、捨丸との行動は、自然の前向き行動力を発揮したものであった。

前向き行動力の発揮のためには異性との親密な関係、要するに愛情関係が重要なのであり、それは相手を独占することではなく、相手の人格を尊重し、捨丸を家族の元へ戻すといった意識的な対応が求められてくるのである。結局、愛情であっても自己中心的に、相手を所有するような、願望充足の発露ではなく、自己中心性を少しずらして捨丸の生活を尊重するような在り方が、高畑の求めていたことなのであろう。

【第9章　引用文献】

フランクル・V・E（霜山徳爾訳）1961　フランクル著作集1　夜と霧　みすず書房

ユング・C・G（野村美紀子訳）1992　変容の象徴―精神分裂病の前駆症状（下）―　筑摩書房

ミンコフスキー・E（村上仁訳）1954　精神分裂病―分裂病性性格者及び精神分裂病者の精神病理学―　みすず書房

中井久夫　2020　講演　統合失調症の過去・現在・未来　中井久夫・考える患者たち・高宜良・胡桃澤伸　森越まや編　中井久夫講演録統合失調症の過去・現在・未来　ラグーナ出版　pp.11-101

安永浩　1992　安永浩著作集1　ファントム空間論　金剛出版

高畑勲　2004　ことばたち解説と注解　ジャック・プレヴェール（高畑勲訳）　ことばたち　ぴあ

高畑勲（取材・構成　金澤誠）　2013a　インタビュー　キネマ旬報　No.1651 pp.26-32

高畑勲（聞き手　中条省平）　2013b　躍動するスケッチを享楽する　ユリイカ　No.638 Vol.45-17 pp.71-82

高畑勲・田辺修・佐藤雅子・笹本信作・橋本晋治・百瀬義行　2013　スタジオジブリ絵コンテ全集20かぐや姫の物語　徳間書店

高畑勲・辻惟雄　2014　日本美術とアニメーション　美術手帖　No.998 Vol.66 pp.66-73

高畑勲　2019　アニメーション、折にふれて　岩波書店

横田正夫　2009　日韓アニメーションの心理分析―出会い・交わり・閉じこもり―　臨川書店

横田正夫　2017　大ヒットアニメで語る心理学―「感情の谷」から解き明かす日本アニメの特質―　新曜社

横田正夫　2019　『かぐや姫の物語』の心理分析　日本アニメーション学会秋の研究集会@新千歳2019発表概要集　p.9（2019年11月3日口頭発表）

横田正夫　2020　『かぐや姫の物語』の臨床心理学的分析　アニメーション研究　2(1) 81-91

第4部

日本のアニメーションの特質

第1部では大ヒットアニメーションについて検討し、第2部では子ども向けのアニメーションについて検討し、第3部では『かぐや姫の物語』を検討した。ここでは、これまで検討してきた作品について総括し、全体的な日本のアニメーションの特質を明らかにしてみたい。

第10章 過剰な前向き行動力の行方

1 願望充足

まずは第1部で検討した作品をまとめてみたい。

『風立ちぬ』では、飛行機を製造することに情熱を燃やした二郎が描かれていた。

『天気の子』では、天気をつかさどる力をもった陽菜が雲と同化してしまいそうになるのを帆高が助けに行って戻ってきた。

『千年女優』では、鍵の君を追って演技活動を続けた千代子は、光を越えて別の世界へ旅立った。

こうした作品群を見てみると第3部で紹介した『かぐや姫の物語』と全く別のものと思われるかもしれない。しかしよくみれば『かぐや姫の物語』には、第1部で語られた作品群の本質的な部分は全て含まれていることに気づかされる。

『風立ちぬ』の二郎は、世相が戦争へ動き始めているのを知ってはいるが、そのことよりは自分の願望を達成することを優先させている。こうした願望の達成は、かぐや姫が五人の貴公子たちに与えた難題を、貴公子たちが答えようとした姿の中に見ることができないだろうか。つまり貴公子たちは、姫を何物にも代えがたい宝物にたとえ、姫がそのたとえた宝物を持ってくればその人の持ち物になりましょう、といったことを受けて、宝物を持ち帰った。本来、宝物は現実には存在し得ないもののはずであった。それにもかかわらず、それを持ち帰ったと称した宝物はニセモノだった。つまり貴公子たちは二郎に、宝物は飛行機の製造に、姫は菜穂子に相当するとみるとどうであろうか。

『風立ちぬ』では、貴公子たちの求めていた宝物と同じで、ほとんど実現不可能な設計プランを成し遂げようと二郎は苦闘した。そして二郎は、そうした製造過程を支える菜穂子という女性を得たのである。この『風立ちぬ』の二郎の前向き行動力が、観客には魅力であったし、それを支える菜穂子の示す前向き行動力も理想のものに見えた。この前向き行動力は、彼らの願望充足のためのものであった。

しかし『かぐや姫の物語』は、実現不能な設計プランは、やはり実現不能であるのが現実であり、夢破れて、失意に終わるのだ、と伝える。彼らの願望は到底充足し得ない。こうした事態の方が、日常的には、ありふれている。世の中にはうまくいかないことの方が多い。うまくいかない現実に何とか折り合って生きている。二郎の示す前向き行動力は、彼の思いどおりに製造を達成させているように見えるが、現実には多くの修正や足りないところを残しながらの達成が見られたということであって、完璧に仕上げられることはなく、むしろ願望は達成されないことを『かぐや姫の物語』は教えている。単純化して両者を比較してみると、『風立ちぬ』は願望充足の世界であるのに対し、『かぐや姫の物語』では願望充足は現実ではあり得ないと願望充足を否定していることになる。

このことに関連して高畑（２０１９）は次のように述べている。

「いま、日本で教えられていないことの一つが、自分の力だけではどうにもならないことがある、ということじゃないでしょうか。それをうまく教えるのは難しいですね。『きみの個性や能力を伸ばせ』なんていうのは誰でも言えるけれど。」（四四頁）

高畑は、宮崎作品のように願望充足の作品について十分に認めているにしても、願望充足できないような事態もあることに目を向ける必要性を語っている。

さらに続けて高畑（２０１９）は言う。

「アニメなんかも快楽や理想を与えようとばかりしていて、マズイなと思っているんです。いまの子どもの原体験は、現実に直面する前に甘美な映像で与えられてしまう。大人が励ますのも理想ばかりです。」（四四頁）

高畑は願望充足の作品が子どもの原体験になってしまっている現実を危惧している。さて『天気の子』である。

『天気の子』は、帆高は空の上へ飛んで行き、陽菜を助けて、二人は抱き合って現実に戻ってきた。このシーンと全く同じ場面が『かぐや姫の物語』にも出現する。姫と捨丸が空を飛んで、月に照らされて、落下するシーンである。

しかし『かぐや姫の物語』では、姫は、捨丸の手を離れて一人で落下する。『天気の子』のように、緊密に、触れ合っての落下は起こらない。

姫と捨丸も二人で空を飛んでいる時は歓喜の絶頂にいた。その時間が長く続いてほしいと希望した。しかしその希望は叶えられない。当然である。捨丸は夢から覚めて、子どもと妻の元に戻り、家を建てて、屋根を拭くといった日常に戻った。

一人の社会人として考えるならば、家族の生活を支えるのが、大人としての確立されたアイデンティティの在り方である。これに対し帆高と陽菜は、何の成長もしていないかのように、全く同じ状態で再会している。夢の中にいるように成長しないままなのである。姫と捨丸が、空を飛んで、歓喜の絶頂にあった、その状態をそのまま維持し続けていけると思っているかのようである。こうした同じ状態を維持しようとする前向き行動力は、社会的に見れば不適応的なものと見ることができる。

『千年女優』の千代子は、鍵の君を追って、演技の世界に入り大成し、中年期を過ぎて人々の前から姿を消した。鍵の君は、現実の人間というよりは、千代子が追いかけることを動機づけるものであって、それが何かを明確に言うことができない。名前も、どこに住んでいるか、何をしているかもわからない、影のような存在である。そうした影を追いかけているのであるから、追いかけている自分を振り返り、もう若くないと自覚してしまうと、途端に追いかける本人も影のようになってしまう。すなわち世間から隠れてしまう。前向き行動力を示していた主体が、本体ではなく、影を追っている内に自身が影になってしまったのである。

『かぐや姫の物語』では、都の生活を送る姫には、本当の生活を送っているとは感じられない。しかし山へ戻ってみるとそこにも元の姿はなく、帰るべき場所ではなかった。姫の住むべき世界は月であると自覚する。この世での姫はニセモノと感じられてしまう。

『千年女優』の千代子が影であるのと同様に『かぐや姫の物語』の姫はニセモノであり、最終的に千代子は光のトンネルを抜け別の世界に行ってしまったのであり、姫は月からの迎えによって月へ行ってしまった。光の中の千代子は追いかけるのが好きと意識できているが、姫は地上の記憶を失ってしまった。千代子は役者としての前向き行動力は発揮できているようであったが、役者を離れて日常の生活が適応的であったとは語られていない。むしろ適応できていない。前向き行動力は、虚構の世界で発揮されるものであった。『かぐや姫の物語』では、現実の障壁の前に、前向き行動力は発揮できなかった。つまり『千年女優』と『かぐや姫の物語』をひとまとまりとして考えると、虚構の世界でしか前向き行動力は発揮できず、現実世界では前向き行動力は障壁に妨げられ、うまく発揮できない。

以上のように見てくると、第1部で示した作品に見られた前向き行動力は、虚構の世界で、絶頂体験を維持する願望充足のためのものであって、それに対し現実生活での前向き行動力は障壁にあって機能しないと特徴づけられる。

2　死の内在

第2部で示した子どもたちを扱った作品群は、第1部と第3部で示した内容の中間にあるようなものと思える。特徴としては死の内包が挙げられる。

映画『若おかみは小学生！』のおっこは、両親を亡くして元気をなくしていたが、幽霊のウリ坊に助けられ、春の屋の宿泊客の一人占い師の水領は失恋の痛手から立ち直れないで、旅館の一室に閉じこもり気味であったが、おっこの接待で元気を取り戻した。おっこの祖母の峰子は元気に旅館を切り盛りしているが、絵コンテ（高坂、２０１９）によれば病気になるシーンがあり、それは本編では削除されてしまっている。峰子の病気のシーンが作品に挿入されていたとすると、今ほど明るく作品を見ることはできないかもしれないが、峰子が若くはないという現実があり、そのことはおっこの両親の生前の会話の中にも表れていた。おっこの母親は祖母がもう70よ、と父親に語っていた。つまりいずれの登場人物もネガティブな要素（死を暗示する要素）とポジティブな要素（生を暗示する様子）の両方を持ち、前者よりも後者を優位に保ちながら、前向き行動力を発動させている。

しかしその関係が時には逆転し、ネガティブな要素に支配されそうになることがある。それがおっこにとっては、事故の加害者との出会いであった。おっこは、感情的混乱状態に陥った。しかし水領が現れて、水領がおっこの話を傾聴し気持ちを汲み取ることで、おっこの前向き行動力が再活性化することになった。つまり他者との信頼関係が重要であり、そうした信頼関係の中で、困難な出来事を語れることが必要なのである。そうすることによってネガティブな要因とポジティブな要因がうまくバランスが取れるようになる。

『風立ちぬ』では、カプローニの夢の世界に菜穂子が出現して、二郎に「来て」というのを、「い」を入れて、全く逆転させて「生きて」にしたと語られている（鈴木、２０１９）。菜穂子が来てというのであるから死の世界に来てということであろうが、それが生きてに変化してしまった。ネガティブなものからポジティブなものへの逆転であった。ポジティブな世界には菜穂子は生きられないかのように姿を消してしまう。宮崎駿の世界にはネガティブな要素は存在せず、ポジティブな要素に満ちている。『天気の子』においても同様である。天気を晴れにすることのネガティブな効果は、全く想定されておらず、人々は明るく元気になるばかりである。それればかりでなく空の世界は死の世界であるにもかかわらず、そこから簡単に陽菜は帆高によって助け出される。死の要素は完全に消し去られる。

これに対し岡本忠成の短編アニメーションの世界では、ネガティブな要素とポジティブな要素が混在し、『チコタン　ぼくのおよめさん』のように、チコタンの交通事故死によって男の子には人間がロボットのように見えるといったことから、ネガティブな要因がポジティブな要因を駆逐しているように見え、男の子が絶望に陥っているかのようであるが、この男の子は、魚屋の両親に暖かく見守られていることが示されていた。そうした見守りの中での絶望の体験であるから、将来的に癒されることが期待される。

『モチモチの木』の豆太は、爺様が死んでしまう恐怖を味わうが、病気から爺様が回復するとそのことをケロリと忘れてしまう。しかし爺様が死んでしまうことの恐怖は、夜の小便が怖くて寝ている爺様を起こすという以前どおりの依存の中に、爺様の生を確認していると思えば、潜在しているのである。生と死のバランスの中に日常の生活がある。

『南無一病息災』においても、身体の中に入り込んでくる鬼という象徴によって、生と死のバランスが語られる。死の象徴の鬼との親和的な関係が維持できれば長生きできるが、対立的な関係では一気に破綻する。死を迎えるのは避けられないことであるが、死までの時間が長くなり、楽しく生きるためには工夫が必要で、何も考えず無謀な生活を送ってはいけない、と語る。

『おこんじょうるり』においても、死を意識した婆様が浄瑠璃を語る狐のおこんと出会って、生きる意欲が湧いてきて、一人の淋しさよりもおこんと一緒にいる便利さを選ぶという打算から始まった共同生活も、いつしかおこんがいない生活を考えることができなくなる。しかも金儲けができる。そんな時、殿さまからの依頼が来る。胸騒ぎがする婆様は渋るが、結局引き受けて、おこんを失うという不幸に出合った。過剰な金儲けが破滅につながった。ここでもバランスを保つことの重要性が示されている。

韓国のアン・ジェフン監督の『にわか雨』の少女は、病で長く臥せっていたが飽きてしまって岩橋のところに出てきて、川の水で遊んでいて少年に出会った。少年に案内してもらい、田圃に立つ案山子や、番小屋を見、大根を齧り、花束を作り、崖からずり落ち、少年が子牛の背に乗るのを見、そしてにわか雨に遭って、少年と身近に接した。少女はこの体験を楽しかったと評価した。しばらくして再会した時には、少女は、少年に美味しいと言って棗《なつめ》をプレゼントした。この際、少女は、また引っ越してゆくことを語っている。少年は両親が話しているのを聞き、少女が亡くなったことを知る。

このようにこの作品は、少女が、自身の病を自覚しながらも、少年とのわずかな触れ合いに生きることを実感したことを示している。少女の中には生と死のイメージが共存し、死のイメージよりも生のイメージが勝った時に、少年との出会いがあった。ここでも生と死のバランスが重要であることを教えてくれる。

第2部の全ての作品は、生（ポジティブなもの）と死（ネガティブなもの）のバランスが大事、ということを語っているが、このバランスの維持には、他者との間に関係が築かれていることが前提とされている。おっこに対する水領、男の子に対する両親、豆太に対する爺様、与茂平に対する青鬼、婆様に対するおこん、そして少女に対する少年である。ここで大切な点は、例えばおっこは自己の問題に関心が集中している状態、つまり交通事故の感情的な混乱に囚われている状態から、視点を少しずらしてみることができるようになって、加害者を春の屋の客として迎え入れることができたということである。同様に第2部に登場する主人公たちは、自己の中心を少しずらして、他者を見ることができている。願望充足の自己中心性から脱して、人間関係を結べたことが生きる上に重要なのであった。

3 自閉と耽溺の世界

『かぐや姫の物語』ではどうであろうか。かぐや姫の周囲には、姫を援助する人は見当たらない。例えば、翁は姫を高貴な姫君にすることを考え、姫に所作を教示する相模も同様であり、女童は姫の身の回りの世話をするが心の内を話せる相手ではない。嫗が、そうした人物に相当するであろうが、姫の心に違和感が芽生えているとは認識しているかのようではあっても、姫の心の内面を傾聴し、姫の心の問題を解消することはできていない。最後になってやっと姫の心の内を聞き出している（横田、２０２０）。つまり姫の場合、生と死のバランスを取るための、調整役となる他者が存在せず、姫は孤立している。自己の心の世界に姫は自閉しているのである。

この自閉ということにおいては、第1部の登場人物たちと姫は変わらない。『風立ちぬ』の二郎は、カプローニとの夢の世界に入ってそこから出てこようとしない、というのがラストの夢の世界への自閉である。

『天気の子』は一見すると帆高は陽菜と一緒であるので、自閉していないように見えるが、帆高は陽菜の気持ちや考えを聞いて理解しているわけではなく、出会った瞬間に、大丈夫と思っているだけである。そこには何の根拠もなく、その考えは自閉的である。

『千年女優』の千代子は、鍵の君を追いかけ続ける自分が好きだと言う。ここにも社会よりは自分の心が大事と考える自閉がある。主人公たちは自己の安心できる世界に自閉する。もっとも『かぐや姫の物語』では、姫の自閉的世界は死の世界なので、安心できる世界、というわけではないかもしれない。この点は、第1部の登場人物たちの自閉と異なる点である。要するに第1部の自閉は豊かな自閉、第3部の自閉は貧しい自閉という違いがあるということはすでに触れた。

では第1部の自閉と第3部の自閉には、それ以外に違いはないのであろうか。それは、その世界に耽溺しているかどうかということではなかろうか。

『風立ちぬ』の二郎は、飛行機作りにまさに耽溺している。全ての時間をこれにあてている。しかも無我夢中になるほど楽しい。その夢中になっている様子を見るのが菜穂子は好きだという。飛行機作りに耽溺することを好きな人に認めてもらい、会社に認めてもらい、その時代にも認めてもらえた稀有な例である。全ての状態が二郎の耽溺を後押ししている。

『天気の子』の帆高は、陽菜に再会することのみを念願している。この思いに耽溺しているということができる。陽菜が自分の意志を持ち、帆高と違った考えを持っているかもしれないということは考えない。帆高が、二人で世界を変えた、と思うのは、自分の考えに耽溺していると見ることができる。

『千年女優』では追いかけている自分が好きといい、鍵の君を追いかけるために映画で演技するのは、その演技に耽溺しているということになろう。

しかし『かぐや姫の物語』の姫は、月の世界（自閉的世界）に行きたくないと思い、この世に残りたいと思う。この世の生をしっかりと体験したいと思っている。つまり自閉的世界には耽溺せず、現実世界に戻りたいと言っている。

こうしてみると、第1部の作品は耽溺の作品、第3部の作品は耽溺のできない作品ということになる。

4　耽溺のその後：『ＢＯＸ──箱の中に何かいる──』を参考に

世界に耽溺することと、世界から抜け出して現実に戻ることを象徴的に描いているマンガがある。ここでアニメーションから少し離れてマンガに目を向けてみたい。取り上げたい作品は諸星大二郎の『ＢＯＸ──箱の中に何かいる──』（２０１６、２０１７a、２０１７b）である。

登場人物は少年少女3名（角田光二、桝田惠、神宮智恵子）、中年男性2名（甲田信一郎、山内誠）、老夫婦（谷寛一、谷八重子）、それとキョウコと名乗る成人女性で、彼らが公園に突然現れた巨大な箱のところに、招待されてやってくる。

招待券に当たるものは各人に送られたパズルであり、同時に入場券も送られてきていた。キョウコは、パズルが送られてきていないが、なぜかやってきていた。

さて巨大な箱には入口がない。

谷夫婦に送られてきたパズルを解くと、入り口が開き、全員が箱の中に招き入れられる。そこには目がギョロリとした女の子が案内人として登場し、入場者の入場券を切り半券を返し、パズルを解いた谷夫婦にはカードを渡し、プレゼントの引換券なので大切に持っているようにと言う。キョウコは招待されていないが、女の子に、どうぞと箱の中に招待される。こうして全員が箱の中に招き入れられた。

この後の物語の詳細は、マンガを読んでいただくとして、上記の耽溺することと耽溺を脱するということに関連して見てみたい。

箱に入るきっかけを作った谷夫婦は、箱の中に入るや否や、不思議な変化が起こる。夫婦の身体のそれぞれ半身が無くなり、一体のようにくっつき始めている。夫婦は箱の外の世界では全く良い体験をしたことがなく、外の世界に戻りたくないと言う。そうした願望を箱が叶えているらしい。

中年男性の甲田は建築家だが、不正建築をして逃げているので、箱の外に出たくない。外に出るとしても、自分が受け取ったパズルを解かずに裏の手を使って出たいと考えている。

もう一人の中年男性の山内は在野の研究家で、マヨヒガといった建物が忽然と現れる現象を調べてきており、中に入った人数が不明確なので、必ずしも全員が出られるわけではないと考えている。彼は自分が入り込んだ箱をマヨヒガと思っている。そのため自分の受け取ったパズルの解法がわかっているのにもかかわらずパズルを解くのを拒否する。パズルを解いても生きて出られる保証がないからである。

こうしたことがあるため、甲田と山内の二人は、箱の設定したルールに反したとして、箱に取り込まれてしまい、人としての意識を失うことになる。

一方残された少年少女とキョウコは協働してパズルを解いて箱の中の奥に進んでいく。女の子は箱の案内人ではあるが、彼らの進行をさまざまに妨げようとする。女の子は自身の行う妨害によって、少年たちが困難に陥るのを楽しんでいる。その妨害をキョウコも、楽しみながらクリアしてゆく。何とか全てのパズルが解け、全員が、引換券を手にする。途中キョウコの策謀で、プレイヤーに引き入れられた女の子も引換券を手にすることになる。

女の子は、全員の引換券のカードに、箱が欲しているものが書かれているので、与えても良いと思えば目の前に登場した新たな箱に貼ればよいという。6面全部にカードが貼られれば、全員が助かる。ただし一人が、箱が希望するものを与えるというルールを拒否し、カードを裏返しに貼った場合には、その人だけが助かる、と言う。そして皆に決断を迫る。

一緒にパズルを解いてきた少年少女とキョウコは全員一緒にと考えるが、ラストになってプレイヤーに引き入れられた女の子は、カードを貼り付けようとしない。この女の子の行為は、箱のルールを破ったことになり、彼女は箱に押しつぶされてしまう。

こうして少年少女とキョウコは現実に戻ることができた。箱に入る前に、彼らが、不具合に感じていたことは、出てきたときにはなぜか解消されており、社会への適応がしやすくなっていた。

以上のような内容であるが、耽溺ということで考えると、谷夫婦は箱の中から出るつもりがなく自らの願望で箱に同化し、甲田と山内は箱のゲームを無視したことによって、箱に取り込まれた。女の子も箱のルールを無視して、箱に殺された。これらは箱に耽溺したことのそれぞれの表れと見ることができる。もっとも彼らは社会生活が破綻しているために、箱の外に戻りたくないという理由があったので、むしろ積極的に箱の中にいたいと考えた。つまり、耽溺する以外になかった。いずれも箱に耽溺することで、自分が無くなってしまった。

それに対し少年少女とキョウコは箱のルールに従ってゲームを続け、何とかして外に出たいと考え続けていた。箱の中に居続けるよりは、外に出ることを希望した。その結果、パズルを解くことができ、外に出られた。そのため、外に出た時には、箱に入るきっかけであった、現実生活上の不具合が、解消していた。箱にはそういう力があった。彼らは箱に耽溺することなく自分を維持し続けることができた。

では、このマンガに登場する箱は、アニメーションとどのように関係づけられるのであろうか。

第1部で描かれていたことは、谷夫婦、甲田、山内といった人たちの姿に対応しているといえないであろうか。つまり彼らは自分たちのことしか考えず、自分の考えに閉じこもっていた。第1部のアニメーションの主人公たちの示す自閉は、自分の想念の中から出てこないというものであった。彼らも結局、自分たちの考え、すなわち箱の中から出てこなかったことを示している。

それに対し第3部で描かれていたのは、箱から出てきた人たちに相当しよう。『かぐや姫の物語』を箱から出てきた人たちに相当するというのは、少し説明がいる。姫はそもそも月で犯した罪を償うためにこの世に生まれたのであり、償いが済んで月に戻った。『ＢＯＸ―箱の中に何かいる―』の登場人物たちは、箱に入る前に不具合を持っていた。この不具合は、かぐや姫の罪に相当する。箱から出た時にはその不具合は解消されていたのであるから、かぐや姫の罪の償いが済んで月に帰るのと同じである。箱の中で登場人物たちがパズルを解き続けるのは、かぐや姫が、貴公子や御門からの難題を何とかやり過ごしていこうとすることと同様である。『ＢＯＸ―箱の中に何かいる―』が示しているのは、箱の中に耽溺し続けることは箱との同化に通じるということである。

ここでの箱は、中に入って行く人たちの抱えている問題を、肩代わりしてくれているものでもある。少年少女たちは現実生活で困難を抱えていたが、その困難は箱から出て解決していた。つまり彼らの葛藤とそれからの解放が直接描かれることはなかった。この点はアニメーションにおいて葛藤が描かれないということと同じである。『かぐや姫の物語』においても困難は生じ、前向き行動力を妨げる障壁は現れるが、それによって葛藤が生じているわけではなく、葛藤の解放も描かれるわけではない。何も起こらないということが起こっていると先の章で説明したことが、ここでも再現されている。

5　現実への回帰

では耽溺から抜けるにはどうしたらよいであろうか。
このことに対して示唆的なことは、ユング（２０１４）の『赤の書』に見ることができるように思う。ユングはこの本の中で、よく知られているヴィジョンを見た時の状況を記している。引用してみよう。

「それは１９１３年10月のことだった。一人で旅をしていたときに、日中に突然、ヴィジョンが降りかかってきた。北海とアルプスの間の北方の低地の国々全てが、途方もない大洪水に見舞われているのを見たのである。それはイギリスからロシアまで、北海の海岸からほとんどアルプスにまで及んでいた。大波が黄色く泡立ち、瓦礫と無数の死体が浮いているのが見えた」（一四二頁）

ユングはこの体験をして、自身の精神が病んでしまったと思った。このヴィジョンに取り込まれてしまえば、精神を病んだことになろうが、ヴィジョンを体験したユングは、後述のように日常生活は適応的にこなしており、社会的な営みも適応的であった。『かぐや姫の物語』では、姫は自身を月の住人と確信している。この確信は妄想とみることもできる。この妄想に支配されてしまえば、精神障害ということになる。しかし姫は現実世界で捨丸との愛の交感を体験し、世界の美しさを味わっている。現実世界に回帰しているのである。

ところでユングの見たヴィジョンに相当するものが、アニメーションにおける破壊的なイメージとして数多く描かれてきている。例えば、私が若いころに見た『幻魔大戦』（1983）（監督：りんたろう／原作：平井和正・石森章太郎／脚本：真崎守・桂千穂・内藤誠／製作：角川春樹・石森章太郎・明田川進）では、幻魔という宇宙の破壊者によって引き起こされた地震で、東京は破壊し尽くされ、砂漠化してしまった。こうした破壊のイメージは、今でもさまざまなメディアで生産され、また大ヒットすることもある。『進撃の巨人』（2013〜2020）（監督：（第1期）荒木哲郎（第2期〜第3期）肥塚正史（第4期）林祐一郎／原作：諫山創／制作：（第1期〜第3期）WIT STUDIO（第4期）MAPPA／製作：（第1期〜第3期）「進撃の巨人」製作委員会（第4期）「進撃の巨人」The Final Season 製作委員会）などもその例であろう（横田、2020）。日本のアニメーションは破滅のヴィジョンに相当するものに満ちており、そしてその世界に耽溺している、というのが特徴であろう。

さて、『赤の書』を巡って、ヒルマンとシャムダサーニ（2015）の二人が対談し、その対談が本になった。その対談の中でヒルマンは、ユングはヴィジョンに耽溺せず、この世界へ帰還したのであり、ヴィジョンには他の人にとっての意味が含まれていない限り完成しないことを指摘している。ユングはヴィジョンとの対決を続け、その意味を問い続け、一般の人にも意味を成すように持ち帰る必要性を説いていたという。さらにヒルマンは、ヴィジョンに陥ったユングは、それとの対決はそれとして、その一方では日常生活はきちんと維持していたことを語り、シャムダサーニはユングには家族が、自分自身のリアリティを確証するものとして重要だったと指摘している。ユングはヴィジョンに耽溺せず、現実世界に意味を持ち帰り、その一方で家族を大事にし、日常生活はいつもどおりにこなしていたのである。

『かぐや姫の物語』において、姫に捨丸との愛を体験させた高畑（２０１９）は、日常の体験について次のように述べている。

「僕は日常が大好きで、一番大事だと思うんです。日常をどう楽しむか、ですね。楽しんでいれば、貧富にかかわりなく、自然は恵んでくれる。太陽も照るし、雨も降る。花も咲き、鳥も歌う。そういうものを享受して暮らさなかったらつまらないし、そこは大事だと思っています。でも、じゃあ、そういうものは見たから即楽しめるようになるかというと、それは違う気がしますね。本当の日常には、そこに自分の意欲や好奇心といった、一種の能動性が必要です。」（三〇四頁）

ユングの場合は無意識世界から意味を持ち帰り、それでいて日常を大切にするということであるが、高畑の場合には日常を大切にするにはただ五感を楽しむだけでなく、能動性、つまり前向き行動力が必要であると言っている。今の日本のアニメーションに欠けているところは、こういった視点ではなかろうか。『かぐや姫の物語』の場合、姫は捨丸との関係に耽溺することなく、捨丸の生活を尊重し、彼の家族関係を壊すことなく済ませている。愛が他者所有といった一方的なものではなく、相互の関係のバランスを保ったものと考えられているのである。

さらにはユングがヴィジョンに対峙して意味を見出したように、我々もアニメーションに接し、その世界に耽溺するのではなく、その世界に意味を見出し、現実世界に持ち帰り、一般の人にも意味を示すようにしなければならない。ユングはヴィジョンと日常生活を調和させていた。この生き方は第2部で紹介したアニメーションの主人公たちの実行していた生と死の調和に通じている。ヴィジョンをアニメーションに置き換えて考えてみれば、アニメーションと日常生活を調和させていくことが、問われてくる。

姫が捨丸との出会いを通して現実に回帰したのと同様なことが精神障害者においても起こってくる。例えば、人間がロボットと感じてしまった統合失調症患者の例を紹介したが、その患者が精神病から回復する時について次のように書いている（西丸、１９６８）。

「ぼくの中で氷が溶けて流れ出した感じだ。ロボットが雀になり、犬になり、人間になった感じだ。あのきたない町の小鳥に餌をやる――すっかり忘れていたことだ。こんな大切なことを。アパートの屋根にも、ごみすて場にも雀はいた。ぼくはすっかり忘れていた。胸に暖かいものが込み上げた。

ぼくは部屋を出て廊下の鉄格子のあいだから塀の上を見ると雀がいた。」（一四八頁）

この患者は、ロボットだった周囲のものが自然の雀や犬、人間に見えるようになり、雀に餌をやるといったことが大切だと思い出した。それまで切れていた自然とのつながりが回復した。精神病状態からの回復を例に挙げるのは、いささか不適切との批判はあるかもしれないが、アニメーションで描かれている世界が、多くは精神病状態に陥るということを表現しているように見える中で、そこからの回復について関心を示していないことに危惧を覚える。高畑は『かぐや姫の物語』の中で、例外的に、その過程を描いているように思えた。前記の患者では、雀が生きているということ、に気づいたことが現実への回帰になっていた。河合（２００２）が論じていた何も起こらなかったということを描く、すなわち無を描く、ということが『かぐや姫の物語』をはじめとした日本のアニメーションの特徴と述べたが、無を描いた後で、自然の美しさに目覚める、という次のステップがあったことを忘れてはならないだろう。それは、成長した姫において、赤ん坊だったころに風にそよぐ木や咲く花に満面の笑みを浮かべて身をよじらせて感動した、その感動が再現したということである。日常の中の美しさに目覚め、感動する。アニメーションに描かれるそうした目覚めに、我々は感動するのではなかろうか。そしてこうした感動が我々の日常を豊かにすることに生かされる。

【第10章　引用文献】

ヒルマン・Ｊ＆シャムダサーニ・Ｓ（河合俊雄監訳、名取琢自訳）２０１５　ユング『赤の書』の心理学──死者の嘆き声を聴く──　創元社
ユング・Ｃ・Ｇ（ソヌ・シャムダサーニ編、河合俊雄監訳、河合俊雄・田中康裕・高月玲子・猪股剛訳）

２０１４　赤の書［テキスト版］　創元社
河合隼雄　２００２　昔話と日本人の心　岩波書店
諸星大二郎　２０１６　ＢＯＸ─箱の中に何かいる─（１）　講談社
諸星大二郎　２０１７ａ　ＢＯＸ─箱の中に何かいる─（２）　講談社
諸星大二郎　２０１７ｂ　ＢＯＸ─箱の中に何かいる─（３）　講談社
西丸四方　１９６８　病める心の記録─ある精神分裂病者の世界─　中央公論社
鈴木敏夫　２０１９　天才の思考─高畑勲と宮崎駿─　文藝春秋
高畑勲　２０１３　アニメーション、折にふれて　岩波書店
高坂希太郎　２０１９　劇場版「若おかみは小学生！」絵コンテ　スタイル
横田正夫　２０２０　アニメに見る「感情の谷」　応用心理学研究　45（3）　240-254
横田正夫　２０２０　『かぐや姫の物語』の臨床心理学的分析　アニメーション研究　21(1) 81-91

終わりに

２０２０年はコロナウイルス感染の影響を受け、外出自粛等もあり、映画やアニメーションを劇場で見る機会が少なくなってしまったが、２０２０年10月16日に公開された劇場版『鬼滅の刃』無限列車編（原作：吾峠呼世晴／監督：外崎春雄／脚本：ufotable／制作：ufotable／製作：アニプレックス、集英社、ufotable）が爆発的な大ヒットとなったことは嬉しい話題であった。この作品について本書で述べてきたこととの関連について触れることで、本書を終わりにしたい。

劇場版『鬼滅の刃』無限列車編が大ヒットした背景には、登場する炎柱・煉獄杏寿郎《れんごくきょうじゅろう》のカッコよさに、多くの人が感動したことがある。彼が「上弦の参」猗窩座《あかざ》と闘う様子は、凄まじく、その激闘の様子に胸打たれる。しかしここでは彼らの戦いに対してではなく、むしろ別に登場する魘夢《えんむ》という名の鬼について述べてみたい。というのもこの鬼は、人間を夢の中に誘い込む力を持っているからである。

アニメーションでは夢を見ている人の無意識の構造についての説明がある。それによれば、見ている夢の空間から外れたところに「精神の核」があり、それを破壊されるとその人は廃人になるというのである。こうした「精神の核」の考えは、ユング心理学の自我と自己の区別に対応しているように思える。ユング心理学では、自我は今意識している心の中心であり、自己は意識できない無意識まで含めた心の中心と考えている。この自己の安定が保てることで、適応が促進される。アニメーションの「精神の核」は、夢の空間（つまり夢を見ることができる範囲の空間）から外れたところにあるので、夢の中においてすら意識されない心の中心と考えられる。そこが破壊されると廃人になる。つまり、その核は人の存在の中核である。それは意識と無意識を含めた心の中心の自己ということにならないだろうか。

さてアニメーションについて見てみよう。

主人公の竈門炭治郎《かまどたんじろう》と彼の仲間が魘夢の血が微量についた切符に触れたために、魘夢の使う血鬼術によって、夢の世界に閉じ込められてしまう。炭治郎が見た夢は、死んだはずの彼の家族が仲良く暮らしており、彼を快く迎え入れていた過去の幸せな場面であった。魘夢の夢は、夢見る人が見たいと願望している幸せの場面を再現しているので、見ている人はそこから出たいとの思いを抱かなくなるような力を持っていた。要するに、夢の世界に耽溺してしまって、そこから出て行くことが全く考えられない。このような表現は、エンターテインメントを通して、願望充足の世界に耽溺することはそこから出られなくなる危険性があることを暗示している。

そうした炭治郎の夢の中に、鬼の手下となった人間の心が刺客として入り込み、「精神の核」を破壊しようとする。

このように、他者の夢を操作でき、また夢の中に他者の心が入り込んでゆくことがこの映画では描かれている。ところで本書では、第1章で他者との夢の共有について語り、夢の共有によって心がつながっている体験をすると述べた。また他者の夢の中に入り込んで、夢治療を行うという内容のアニメーションが作られたこともあった。今敏監督の『パプリカ』（2006）（原作：筒井康隆／脚本：水上清資・今敏／制作：マッドハウス／製作：「パプリカ」製作委員会）である。この作品では、夢の中に入り込んで、現実適応が困難になった人の心の中で、その原因を明らかにし、心の治療を行うさまが描かれていた。他者の夢に入り込むのは、夢治療のためであった。しかし劇場版『鬼滅の刃』無限列車編はその逆を描いている。心を治療するのではなく人を殺すために心の中に入り込む。

アニメーションで面白いところは、その刺客が探し当てた炭治郎の「精神の核」は光り輝いていたということである。つまり刺客は本書の第2章で紹介した光体験をしたことになる。光体験は神秘体験であり、神に接する体験にも繋がる。そのため刺客は、自らの行いを悔い改めることになる。「感情の谷」理論に従えば、他者の無意識世界ではあるが、そこに入り込んで、光の対象に出会って、悟りを得て現実に戻ったということになる。さらに刺客は、「精神の核」に至るまでの間に、光る小人が、刺客を精神の核に案内したということにも感動する。この時、刺客は光る小人に、なぜ導いてくれるのかと問いかけると、光る小人は、刺客が行きたがっていたから、と答える。つまり心の中への侵入者であろうとも、その彼の願望であれば、応えてあげようとするのが光る小人であった。こうした光の小人の姿勢は、第5章の小学6年生の若おかみおっこが示した、他者（宿泊客）の願望に応えようとする姿勢に通じている。つまり炭治郎の心の中には無意識においてすら他者の願望を果たそうとする姿勢が認められるのである。このことに対して刺客は感動してしまった。そして彼はそれまで自身の願望充足のみを願っていた自己中心性から脱することができた。

このように、炭治郎の心の奥底には、光の「精神の核」があり、それは神秘体験に繋がり、他者をも回心させる力を持っていた。光の「精神の核」であるから、究極的な、安定した心を示していると思われる。そうした心を持つ炭治郎は、現実場面でも、自分のことを考えず、常に他者のことを考えている。特に鬼になってしまった妹の禰豆子《ねずこ》を人間に返すことを念願している。このことは、彼の無意識の中で光る小人が示した姿勢を、そのまま現実の中で行動として示していることを意味している。こうした炭治郎の姿もまた、多くの人を感動させていると思われる。

炭治郎が夢の世界に耽溺している（夢から出られなくさせられている）時に、現実世界では、禰豆子が炭治郎を目覚めさせようとする。この禰豆子の働きが、夢の中の炭治郎に影響を与え、今見ている夢が、鬼の鬼血術によると理解し、家族から離れ夢から覚めようと試みる。しかしうまくいかない。どうしたらよいかと思い迷った時に、ある人物のイメージが夢の世界に入り込んで来て、夢から出る手がかりを与えてくれる。それによって炭治郎は夢から覚めることができた。この経緯は、炭治郎が自ら夢の世界に入ったのではないとしても、そこから出る経緯は「感情の谷」理論で説明できることを示している。すなわち「感情の谷」理論では、無意識の底に入り込んだ主人公は、外部の支援によって感情の谷から脱出し、悟りを得るが、炭治郎もまた禰豆子の起こそうとする働きかけによって耽溺の状態から脱することができ、さらに一人のイメージが夢世界に入り込んできたことによって、夢から出る方法を悟ることができた。

無意識の底で炭治郎は援助者に出会い、そこから脱することができた。夢の耽溺から抜け出すのには、自らの力で成し遂げることはできず、外からの援助者が必要であるとアニメーションは述べている。こうして炭治郎は現実に戻り、鬼と闘う前向き行動力を示す。

炭治郎は無意識の底に光る「精神の核」を持ち、夢の世界から出られなくなるようにされても、外部からの支援者が現れるほどに強い心のつながりを持っていた。こうした主人公が、人を一人も死なせないために鬼と戦う。戦う様子がエンターテインメントになっているとしても、基本の人を一人も死なせないためにという動機は、世界に蔓延しているコロナウイルスと戦う人たちの姿を彷彿させる。現代社会の縮図としてみることのできるような状況で、光の「精神の核」を持った炭治郎は、自己中心性を脱し、他者について常に配慮している。倒した鬼にすらそうした配慮を示す。炭治郎は、今に生きる人たちがまさに待ち望んでいるイメージの典型を示しているのであろう。

最後に、本書の執筆にあたり編集部岩城亮太郎氏には懇切丁寧なコメントをいただきました。本書において、論理的な展開が進展したのは岩城氏のお陰とこの場を借りて感謝申し上げたい。

令和2年12月吉日

著者紹介

横田正夫（よこた　まさお）

医学博士、博士（心理学）。

日本大学教授。専門は臨床心理学、映像心理学。

主な著書に、『アニメーションの臨床心理学』（誠信書房）、『アニメーションとライフサイクルの心理学』（臨川書店）、『大ヒットアニメで語る心理学』（新曜社）、『描画にみる統合失調症のこころ』（新曜社）、編著書に『アニメーションの事典』（朝倉書店）、『アニメーションの心理学』（誠信書房）、『心理学からみた統合失調症』（朝倉書店）などがある。

アニメーションの前向き行動力
――主人公たちの心理分析

2021年 3 月 31 日　初版第 1 刷発行　〔検印省略〕

著　者　横田　正夫
発行者　金子　紀子
発行所　株式会社　金子書房
〒112-0012　東京都文京区大塚3-3-7
TEL 03（3941）0111／FAX 03（3941）0163
ホームページ　https://www.kanekoshobo.co.jp
振替　00180-9-103376
印刷　藤原印刷株式会社　　製本　一色製本株式会社

ISBN978-4-7608-2184-6　C3011